Über den Autor

Hans-Gerd Mazur ist Unternehmer, Berater, Trainer und Coach und lebt in der Metropole Ruhr in Deutschland. Er teilt seine Erfahrungen zu Themen wie Vertrieb, Marketing und Unternehmens- und Persönlichkeitsentwicklung in Vorträgen, Seminaren und Einzelcoachings. Er arbeitet seit 1992 für Unternehmen und Einzelpersonen, die sich in diesen Bereichen verbessern wollen. Hans-Gerd Mazur ist ein begeisternder Mentor, der immer bereit ist mehr zu tun, als man erwartet, um die Ziele zu erreichen, die seine Klienten erreichen wollen.

"Ich glaube, dass in unserem Zeitalter, die Einstellung und das aktive Arbeiten an den Dingen über Erfolg und Misserfolg entscheidet. Es geht nicht um Informationen oder um Wissen, denn diese bekommen wir im Überfluss. Es geht um echte Weisheit. Das Begreifen wie das Leben funktioniert und diese Ideen dann umzusetzen bringt ein erfülltes Leben. Jeder Mensch sollte sich permanent verbessern wollen. Einmal aus eigenem Nutzen und zum anderen, weil sich unsere Welt zu schnell ändert. Es ist eine Tatsache, dass das System am besten überlebt, dass die Fähigkeit hat, am flexibelsten zu reagieren. Nur wer aktiv und offen die Kontrolle für sein Leben übernimmt, erlebt ein reiches Leben und hilft damit auch anderen. Werden Sie zum Designer Ihres Lebens."

Wenn Sie auch zu anderen Thema, mehr wissen möchten, besuchen Sie uns auf: www.eusera.de

Disclaimer

Dieses Buch ist zur persönlichen Weiterbildung gedacht. Es besteht kein Anspruch auf Vollständigkeit. Wir bitten eventuelle inhaltliche Unrichtigkeiten zu entschuldigen, da die Informationen in einer sich ständig ändernden Welt schnell veraltet oder überholt sind. Die Infomationen haben zum Veröffentlichungszeitpunkt den höchsten Richtigkeitsgehalt und können zu späteren Zeitpunkten natürlich unkorrekte Aussagen enthalten. Daher sollte dieses Buch als Anleitung gesehen werden. Es gibt unzählige andere Quellen, die Sie gerne nutzen können, um die hier gezeigten Aussagen zu ergänzen, zu erweitern und sich so Ihre eigene Meinung zu bilden.

In diesem Buch schildert der Autor seine Sicht der Dinge. Es ist immer interessant, andere Perspektiven und Einstellungen kennenzulernen, um daraus seine Schlüsse zu ziehen und sein eigenes Leben nach eigenen Plänen zu gestalten. Entscheiden Sie sich.

Bildnachweis: Pixabay.com

Mindset der Gewinner

Bibliografische Information der Deutschen Nationalbibliothek:
Die Deutsche Nationalbibliothek verzeichnet diese Publikation
In der Deutschen Nationalbibliografic; detailierte bibliografische
Daten sind im Internet über http://dnb.dnb.de abrufbar.

© 2018 Hans-Gerd Mazur

Herstellung und Verlag:

BoD – Books on Demand, Norderstedt

ISBN: 9783748747800

Inhaltsverzeichnis   Seite:

Inhaltsverzeichnis   Seite:

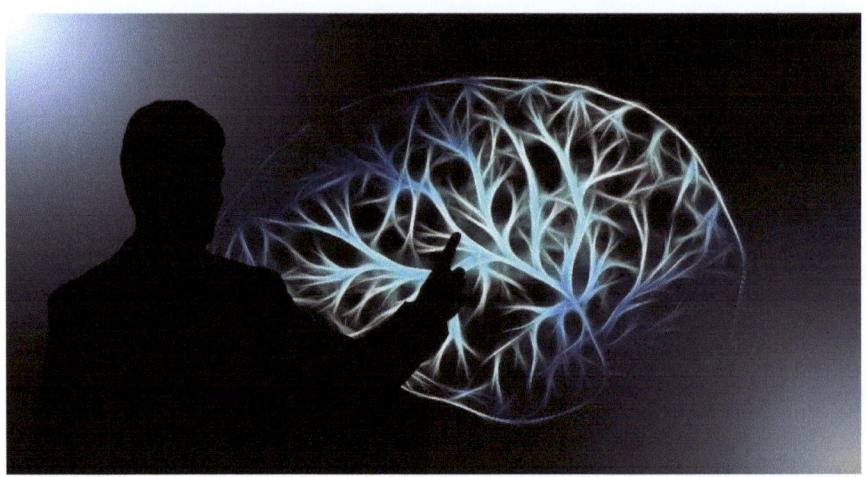

Einleitung: Es beginnt alles mit ihrem Mindset

Es ist völlig egal, was Sie in Ihrem Leben erreichen wollen. Was Sie glücklich macht oder was Sie sich erhoffen oder wünschen, es beginnt immer in Ihrem Kopf. Zu Neudeutsch beschreibt man dies häufig mit dem Begriff "Mindset". Das Mindset kann man mit "Denkweise" übersetzen. Es geht um Ihre Einstellung, Ihre Gedanken zu einer bestimmten Situation. Das bedeutet, dass Ihr Geist oder besser gesagt, Ihre innere Einstellung dafür verantwortlich ist, wie erfolgreich Sie privat oder im Beruf werden. Ihre körperliche Stärke hängt davon ab. Ja, sogar wie glücklich Sie im Leben sind, ist mit Ihrem Mindset verbunden.

Jede Veränderung, die Sie in Ihrem Leben durchführen wollen, startet mit Ihrer Entscheidung im Kopf. Diese Tatsache allein zeigt, dass der Ursprung jeglicher Veränderung, in Ihrem Inneren, in Ihren Gedanken, in Ihrem Mindeset liegt.

Das bedeutet auch, dass der erste Schritt von Allem, was Sie tun, denken, fühlen und erreichen wollen, in Ihrem Kopf beginnt. Selbst der Gedanke, ob Ihr Vorhaben Erfolg haben wird oder nicht, beeinflußt bereits das Ergebnis, noch bevor Sie überhaupt gestartet sind

Doch dazu später mehr.

Schauen Sie sich diejenigen Menschen an, die sehr erfolgreich durch ihr Leben gehen. Die eine Sache, die diese Menschen alle gemeinsam haben, ist ihre absolute Sicherheit, Ihre unbeeinflußbare Zuversicht und ihr Willen, dass Sie das erreichen, was sie sich vornehmen. Da heißt, Sie wissen schon dass es fubktioniert bevor sie gestartet sind. Ein schönes Beispiel ist Arnold Schwarzenegger: So wird berichtet, dass er so besessen von seinem Erfolg war, einmal Weltmeister der Bodybuilder zu werden, dass er sogar in das Fitnessstudio eingebrochen sein soll, nur um zu trainieren. Er soll sogar, während seiner Millitärzeit "ausgebüchst" sein, um an einem Wettkampf teilnehmen zu können.

Das nenne ich: An seinen Träumen arbeiten! Das ist Commitment!

Die jenigen Menschen, die an Ihren Zielen und Träumen arbeiten, sind mehr als glücklich, wenn Sie morgens um 05:00 Uhr aufstehen können, um an sich oder an Ihren Projekten zu arbeiten oder zu lernen oder irgendwie weiter zu kommen. Sie geben nicht auf und bleiben dran.

Dieses gleiche Verständnis, die gleiche Begeisterung ist es, die auch Ihnen helfen wird, ganz fokussiert zu bleiben, auch wenn die Arbeit langweilig ist. Vielleicht einfach nur, um diese Arbeit einfach schnell zu beenden.

Alleine dieser Glaube, diese Sicherheit erfolgreich zu sein, mit dem was Sie tun, reicht häufig aus, um Menschen, Situationen und Gelegenheiten anzuziehen, die Ihre Erfolgschancen deutlich verbessern.

Wenn Sie wirklich angetrieben und überzeugt sind, von sich und dem was Sie tun, führt das häufig dazu, dass Sie andere Menschen mitreissen und inspirieren, Ihnen bei der Vollendung Ihrer Aufgabe zu helfen. Das nennt man auch: "Das Gesetz der Anziehungskraft" und es besagt ganz einfach ausgedrückt: Wenn andere an Sie glauben sollen, müssen Sie erst an sich selbst glauben. Anders funktioniert das Ganze nicht!

Aber vielleicht brauchen Sie all dieses Zeug nicht? Vielleicht haben Sie bereits alles, was Sie sich wünschen, um glücklich zu sein. Vielleicht besteht das Problem eher darin, dass Sie alles bereits haben, es aber nicht wirklich zu schätzen wissen. Vielleicht sitzen Sie in dieser Alltagstretmühle fest, die Ihnen ein stänidges Gefühl der Unzufriedenheit gibt. Ständig gibt es etwas Besseres, Größeres, Teureres...und das hält Sie davon ab, das Leben zu geniessen, dass Sie aktuell führen. Das Gefühl zu haben, nicht immer das Beste aus allem herauszuholen, was es an Möglichkeiten, Beziehungen und an Erfahrungen für Sie gibt. Ständig gehetzt. Ständig unzufrieden. Vielleicht haben Sie das Gefühl die Kontrolle über Ihr Leben zu verlieren.

Doch keine Sorge:

Wir werden uns hier auf den Weg machen, das zu ändern. Ich möchte Ihnen zeigen, welche Fähigkeiten Sie brauchen und trainieren können, um die Kontrolle zurück zubekommen. Die Kontrolle über Ihre Gedanken, die Kontrolle über Ihren Körper, ja sogar die Kontrolle über Ihre derzeitige Situation.

Jackie Chan, der amerikanische Schauspieler, hat einmal gesagt:

" Lass es nicht zu, dass Deine Lebensumstände Dich ändern, sondern ändere Deine Lebenumstände."

In diesem Buch werden Sie Folgendes lernen:

- Wie Ihr Gehirn funktioniert und welche Auswirkungen das auf Ihre Erfahrungen, Ihre Fähigkeiten und Ihr gesamtes Leben hat.

- Wie Sie die Kontrolle über die Arbeit, die Ihr Gehirn leistet, zurück-bekommen.

- Wie die Kontrolle über sich selbst Ihnen helfen wird, Ihr Leben zu verbessern.

- Wie Sie glücklicher und intensiver leben können.

- Wie Sie andere Menschen besser führen können, da Sie verstehen wie deren Geist arbeitet. (Ist ja nicht anders, als bei Ihnen☺.)

- Wie Sie Ihr Vertrauen stärken können und "das Gesetz der Anziehung" für sich nutzen, um zu bekommen, was immer Sie sich für Ihr Leben wünschen.

- Wie Sie Ängste und andere negative Emotionen beherrschen können.

- Wie Sie Ihren Energielevel erhöhen und niemals wieder in ein Motivationloch fallen müssen.

- Wie Sie ständig konzentriert bleiben können und ganz bewußt in den "Flow Zustand " kommen.

- Wie Sie engagiert und charismatisch werden und Ihre Attraktivität erhöhen. ...und vieles mehr...

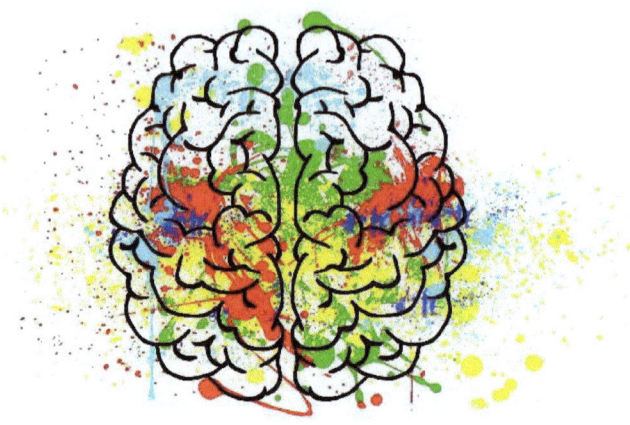

Kapitel 1: Ihr Gehirn verstehen lernen

Was die meisten von uns nicht wissen ist, wie sehr wir der Sklave unserer eigenen Biologie sind. Viele neue Einsichten zu diesem Thema kommen aus dem Bereich der Neurowissenschaften.

Wir Menschen haben häufig die Illusion der Selbstkontrolle. Das heißt: Wir haben das Gefühl, wir wissen, was wir tun und wir wählen, was wir fühlen.

Beispiel:
Wenn wir uns ärgern, dann ist es, weil wir vielleicht ungerecht behandelt wurden. Wir analysieren die Situation und entscheiden, dass der Ärger eine angemessene Reaktion darauf ist.

Wenn wir glücklich sind, liegt es daran, dass alles, mit uns und der Welt in Ordnung ist. Dann nehmen wir diese Information und haben ein glückliches Gefühl. Wir sind zufrieden und entscheiden uns, was wir als Nächstes tun wollen und gehen ans Werk.

Aber die Realität ist leider etwas anders.

Tatsache ist, dass wir überhaupt nicht wissen, was da zwischen unseren beiden Ohren, in dieser grauen Masse, dem Gehirn, wirklich abläuft. Fakt ist, dass unser Gehirn uns beherrscht, anstatt umgekehrt. Bis zu dem Zeitpunkt, wo wir die Funktionsweise des Gehirns verstehen und wir in der Lage sind, kontinuierlich die Kontrolle über die Abläufe im Gehirn und damit auch über unsere Gefühle, unsere Stimmungen, unsere Motivation zu bekommen.

Wer sind Sie?

Okay, also lassen Sie uns etwas tiefer in das Thema einsteigen. Ich habe da mal eine Frage: Was würden Sie sagen, wenn ich Sie frage: Wer sind Sie? Was macht Sie aus? Was unterscheidet Sie von allen anderen Menschen der Welt?

Gar nicht so einfach und je mehr Menschen ich befrage, umso mehr unterschiedliche Antworten bekomme ich.

Die Antwort, die ich geben würde, ist die Folgende:

Der Verstand macht den Unterschied der Menschen aus. Ihr Gehirn, die Art, wie Sie denken, wie Sie handeln und fühlen, macht Sie einzigartig. Kein anderer Mensch hat Ihren Lebensweg, Ihre Erfahrungen und Ihre Erkenntnisse aus dem was Sie erlebt haben. Niemand hat Ihr bisheriges Leben so geführt. Niemand hat Ihre Informationen so aufgenommen und abgespeichert und niemand agiert und reagiert so wie Sie es tun. Kurz gesagt: Niemand hat Ihr Gehirn, dass alles steuert.

Wie gehen diese Vorgänge genauer vonstatten? Ihr Gehirn besteht aus Milliarden von Neuronen, die sich, wie eine Rankenpflanze in jede Ecke Ihres Schädels räkelt.

Diese Neuronen verändern sich ständig. Sie wachsen. Sie sterben. Sie verbinden sich mit anderen Neuronen und knüpfen ständig neue Verbindungen, die sich vielleicht bald wieder auflösen oder für lange Zeit fest verbunden bleiben. Sie tauschen Informationen aus. Millionenfach am Tag. Diese Informationen können Erinnerungen sein oder Gefühle oder Meinungen oder andere Gedanken und Befehle, die dann Ihren Körper bewegen.

Nehmen wir einmal an, es gibt irgendeine Situation. Beispiel: Sie sehen ein altes Schulfoto. Dieser Auslöser bewirkt einen elektrischen Impuls, der durch ein Neuron wandert. Es "feuert" sozusagen, auf andere Neuronen. Je nach Ansprache der Neuronen entstehen so Ihre Gefühle, Meinungen und Erinnerungen. Alles was sich in Ihrem Kopf abspielt, ist eine Stimulation von Neuronen. Je nach Stimulierung gibt es unterschiedlich Ergebnisse. Dabei sind verschiedene Gehirnareale mit unterschiedlichen Aufgaben betraut. Die Hirnforschung versucht herauszufinden, welche Hirnareale, wofür zuständig sind.

Würde man also den Schädel eines lebenden Menschen öffnen und man legt Elektroden an bestimmte Hirnstellen, so löst dies bestimmte Reaktionen aus. Vielleicht stimuliert man einen Teil und Sie sehen einen roten Punkt. Bei einer anderen Stelle, sehen Sie vielleicht einen blauen Punkt oder Sie bekommen das Gefühl sich wohlzufühlen oder Sie erinnern sich an Ihre Mutter.

Es gibt die Geschichte, dass Wissenschaftler mit einem starken Magneten bestimmte Hirnareale Ihrer Versuchspersonen, angesteuert haben, um herauszufinden, ob dort die "Religiösität" liegt. Dabei haben die Probanden tatsächlich von Gedanken und inneren Bildern von Heiligen gesprochen und sie hatten "religiöse Gefühle". Was immer das auch heißen mag. Etwas spooky oder?

Zurück zum Thema.

Diese Neuronen sind miteinander verbunden und je mehr die Neuronen "feuern", umso mehr Aktivität entsteht in Ihrem Kopf. Dabei ist auch wichtig, wie stark die Neuronen feuern. Je stärker der elektrisch Impuls, umso größer die Reichweite. D.h. umso weiter entfernte Hirnareale können erreicht werden. Manche Neuronen feuern buchstäblich von der einen-, zur andere Seite des Gehirns.

Dabei wissen wir, dass unser Gehirn nicht unter unserer vollständigen Kontrolle ist. Wenn Sie beispielsweise etwas Bestimmtes sehen, so feuern spezielle Neuronen, weil Sie sich vielleicht an etwas erinnern. Aber es kann auch dazu führen, dass benachbarte Neuronen sozusagen "mitfeuern", je nachdem wie stark sich Ihre Assoziationen in der Vergangenheit gebildet haben. Das heißt aber auch, dass Sie vielleicht bei bestimmten Auslösern, Gefühle entwickelt oder antrainiert haben, die mit dem Auslöser nichts zu tun haben. Es sind, genauer betrachtet, bestimmte Neuronenmuster, die Sie selbst in der Vergangenheit gebildet haben, die Sie sich sozusagen antrainiert haben. Meist ganz unbewußt. Das bedeutet, dass so manche neuronale Muster "per Zufall" entstanden sind. Diese Muster begleiten Sie nun durch Ihr gesamtes Leben. Das ist nicht immer vorteilhaft für Sie. Dazu später mehr.

Die Kommunikation zwischen den Neuronen funktioniert folgendesmaßen:

Die neuronalen Verbindungen sind keine festen Verbindungen. Das heißt, wenn Sie einmal ganz nah an eine Verbindung zwischen zwei Neuronen heranzoomen, werden Sie sehen, dass es eine kleine Lücke gibt. (siehe Abbildung)

Das Ende eines jeden Neuronarmes heißt Synapse und sieht etwa aus, wie eine kleine Verdickung. Dieser wird auch synaptischer Knoten genannt. In diesem Knoten befinden sich chemische Verbindungen, die man Neurotransmitter nennt. Es sind die Botenstoffe im Gehirn.

Feuert nun ein Neuron, werden diese Botenstoffe freigesetzt und bewegen sich zum nächsten Neuron. Dabei haben diese Botenstoffe unterschiedliche Auswirkungen auf die Neuronen. Manche Stoffe haben eine verstärkende Wirkung, d.h. es findet eine weitere Stimulierung statt. Andere Botenstoffe haben eine hemmende Wirkung, d.h. Sie mildern die Reaktion ab und führen dazu, dass die Neuronen weniger oder gar nicht feuern.

Unsere Neurotransmitter sind ebenfalls an der Bildung von Hormonen beteiligt. Im Gegensatz zu den Botenstoffe, die eher kurzfristige Effekte auslösen und sich extrem schnell wieder abbauen, sind Hormone eher beständiger.
Sie werden meist im Körper gebildet und wirken entsprechend länger.

Das Zusammenspiel möchte ich an einem kleinen Beispiel verdeutlichen.

Stellen Sie sich vor, Sie sehen einen Löwen. Ihr Gehirn wird sofort aufmerksam. Es springt sozusagen die Freund/Feind Kennung an. Das Gehirn versucht also schnell herauszufinden, ob bei diesem Anblick, Gefahr bzw. Handlungsbedarf besteht, ob es also ein Freund oder ein Feind ist, der da vor Ihnen steht. Ihre Erinnerung an Form, Farbe oder Geräuschen löst in Ihrem Gehirn einen Alarm aus. Nachdem Ihr Gehirn also die Gefahr erkannt hat, feuert es und alarmiert Ihren gesamten Körper. Dieser wird jetzt in "Alarmbereitschaft" gebracht, indem im Bruchteil einer Sekunde, Hormone produziert und verteilt werden. Im Falle einer Gefahr beispielsweise:

- **Dopamin,**
- **Adrenalin**
- **und Cortisol.**

Jetzt sind Sie bereit auf die Gefahr zu reagieren. Vielleicht wollen Sie flüchten oder Sie wollen sich verteidigen. So oder so Ihr Körper und Ihr Geist sind bereit dazu.

Dieser Mechanismus führt u.a. zu folgenden körperlichen Veränder-ungen:

- Das Herz schlägt schneller. Die Lungen weiten sich.

- Die Konsistenz des Blutes ändert sich.

- Die Durchblutung der Muskulatur wird erhöht.

- Die Pupillen weiter sich.

- Ein Gefühl der Angst und Furcht setzt ein.

- Der Tunnelblick entsteht.

- Das Schmerzempfinden sinkt.

- Verstärkte Muskelkontraktion bis hin zum Zittern

- Die Verdauungsfunktionen werden runtergefahren

- und, und, und

Kurzum, Ihr Blut, Ihr Sauerstoff und alle Nährstoffe und Ressourcen werden zu den Muskeln und dem Gehirn geleitet, um diese Gefahrensituation möglichst optimal zu begegnen. Zum Beispiel durch Kampf, Flucht oder durch eine andere, angemessene Reaktion.

Alle diese Funktionen sind willkürlich und unterliegen einem automatischen Ablauf in Ihrem Körper, den Sie nicht beeinflussen können. Weiterhin ändert es sofort die Art, wie Sie denken und wie Sie sich verhalten oder auch unbewußt reagieren. Dies hat wiederum Auswirkungen, wie Ihre Umwelt Sie wahrnimmt. Sie sehen also eine sehr komplexe Kette von Zusammenhängen, die sich gegenseitig bedingen oder eben unbeeinflußt ablaufen.

Aber solche automatischen und unkontrollierten Reaktionen treten nicht nur bei negative Situationen wie z.B. Stress auf. Jede Situation, in der Sie sich befinden, löst in Ihrem Körper und Ihrem Geist hochkomplexe Abläufe aus. Immer und jederzeit.

Vielleicht ahnen Sie schon, dass diese Vorgänge einige negative Folgen haben.

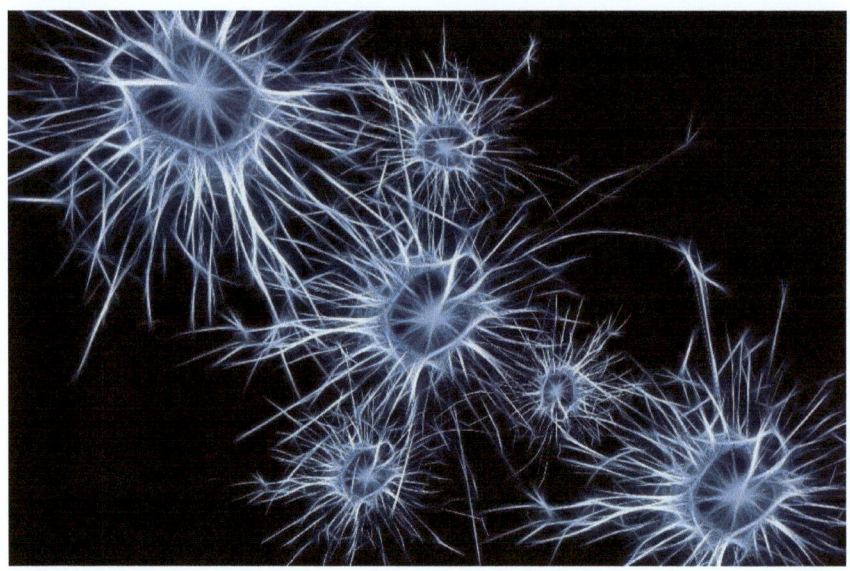

Kapitel 2:

Die Energie der Neurotransmitter

In dem beschriebenen Fall aus dem letzten Kapitel wurde klar, wie Hormone und Botenstoffe in uns wirken und z.B. den Kampf- oder Fluchtmechanismus starten.

Das Gleiche passiert aber auch bei weitaus sanfteren Stresssituationen. Wie sieht es beispielsweise bei chronischem Stress aus. Chronischer Stress ist langanhaltend und manchmal schleicht er sich in unser Leben, ohne dass wir es richtig mitbekommen. Das Gefährliche daran ist, dass diese Art von Stress nicht so schnell verschwindet.

Chronischer Stress entsteht nicht, wenn Sie eine Gefahr (einen Löwen) sehen Er entsteht z.B. auf der Arbeit durch die Deadline für eine Aufgabe, die Sie erledigen müssen. Ihre Planungsarbeit für den nächsten Geburtstag der Kinder, Ihrer Hochzeit oder eines anderen Festes. Es entsteht durch Ihre Sorgen über Schulden, Probleme in der Beziehung, mit Ihren Kindern usw.

Auf diese Art von Auslösern reagiert Ihr Körper genauso. Vielleicht schwächt sich Ihr Immunsystem oder Ihre Verdauung. Vielleicht verkrampfen Sie im Schulter- und Nackenbereich. Haben Sie häufiger Kopf- oder Nackenschmerzen oder Magenprobleme? Manche Menschen haben spontane Panikattacken oder eine immer während suptile Art von Angstzuständen, die sich gar nicht begründen läßt, usw.usw.

Das bedeutet, wenn Sie gestresst sind, kurzfristig und unmerklich jeden Tag, hat das starke Auswirkungen auf Ihren Körper und Ihren Geist. Es hat nicht nur Auswirkungen auf Ihre Fähigkeit sich zu entspannen oder sich über bestimmte Erfahrungen und Situationen zu freuen. Nein, es hat auch starke Auswirkungen auf Ihre Gesundheit, die Sie sich vielleicht gar nicht vorstellen können.

Das Hormon Dopamin, beispielsweise, macht uns fokussierter und wacher in bezug auf das "Stressobjekt". Das hat auch positive Aspekte. Der sog. Eustress führt dazu, dass wir uns auch besser fokussieren können, wenn es beispielsweise um eine Prüfung oder einen Bühnenauftritt geht. Doch Studien zeigen in diesem Fall, dass dieses Fokusverhalten dazu führt, dass wir eben nicht offen neue Gedanken, Gefühle oder Anregungen aufnehmen können. Wir sind in dieser Situation also nicht kreativ und offen, sondern eben stark fokussiert.

Sie sehen also, jede Münze hat eben zwei Seiten.

Was noch? Stress kann dazu führen, dass Sie auf andere Menschen, weniger Einfluss oder Eindruck machen werden. Einfach deshalb, weil

Ihr Stressverhalten unterschwellig Ihre Ängste und Befürchtungen ausdrückt. Das ist natürlich immer dann fatal, wenn Sie gerade in einer wichtigen Sitation sind. Beispielsweise ist es nicht gerade förderlich in einem Verkaufsgespräch, einer Bewerbung oder einem Meeting dieses Stressverhalten zu zeigen. Stellen Sie sich bitte einmal vor, Sie haben gerade eine Verabredung und Sie fühlen sich gestresst und nervös. Welche Signale senden Sie unbewußt aus? Souveränität und Selbstbewußtsein oder Unsicherheit und Unwohlsein?

Sie sehen also, die Fähigkeit mit Stress adäquat und kontrolliert umzugehen, hat viele Vorteile. Es kann Ihnen helfen sich zu konzentrieren und Höchstleistungen zu bringen- oder sich selbstbewußt und entspannt in Stresssituationen zu fühlen, wenn es nötig ist. Das ist Eustress.

Noch mehr Neurotransmitter und was sie noch so tun

Außer den beschriebenen Auswirkungen, haben bestimmte Neurotrasmitter (Botenstoffe) noch ganz andere Möglichkeiten uns zu kontrollieren. Sie beeinflussen starkt unsere Stimmung, unsere Gefühle, usw.

Serotonin ist z.B. ein Neurotransmitter, der uns glücklich macht. Auf der anderen Seite unser Schmerzempfinden reduziert oder auch den Appetit zügelt und zwar über die Stimulation der Produktion von **Leptin**. Der bewirkt ein Sättigungsgefühl in uns.

Melatonin ist ein Botenstoff, der uns müde macht! Also Vorsicht bei einem kleinen Nickerchen (Power Nap). Wenn Sie etwas länger einnicken, werden Sie den ganzen Tag nicht mehr richtig wach.

Dopamin haben wir bereits kurz beschrieben. Es macht uns konzentrierter und steigert die Gedächtnisleistung.

Testosteron ist ein männliches Hormon und ist mit eher maskulinen Gedanken und Gefühlen der Überlegenheit bestückt. Im Gegensatz dazu ist **Östrogen** das weibliche Gegenstück, das ebenfalls starken Einfluss auf unsere Befindlichkeit hat.

Kortisol ist ein Stresshormon, dass zuständig ist für Angstgefühle. Es ist auch mit unserem Appetit verbunden. Es hat auch eine entzündungshemmende Wirkung.

Genauso wie das Hormon **Ghrelin**, das ebenfalls die Steuerung von Hunger und Sättigungsgefühl zuständig ist. Es wird übrigens in der Magenschleimhaut und in der Bauchspeicheldrüse produziert.

Substanz P hat etwas mit dem Schmerzempfinden zu tun und soll nach neuesten Untersuchungen auch mit dem Wut- oder Zornzentrum verbunden sein. Es erweitert u.a. die Blutgefässe und steigert die Schmerzsensitivität.

Oxytocin, wird oft als Liebeshormon bezeichnet und macht uns kompromisbereiter. Es gibt uns das Gefühl der Liebe, der Sicherheit und der Verbundenheit. Es soll angeblich die Liebe und die Treue fördern.

Dies nur als kleine und natürlich unvollständige Aufzählung, um zu zeigen, wie kompliziert die Zusammenhänge in uns ablaufen und um Sie etwas sensibler zu machen, welche Auswirkungen wir mit bestimmten Situationen in Gang setzen. Bewußt und unbewußt. Alles hat eine Konsequenz.

Nochmals betont, die Botenstoffe sind starkt verbunden mit unseren Reaktionen und Gedanken. Wenn eine Mutter allein Ihr Kind sieht, wird Ihr Ghirn mit Oxytocin überflutet und dies hat eine stark anziehende Wirkung und führt zu dem Bedürfnis der Nähe und der Verbundenheit.

Wenn Sie Achterbahn auf dem Rummel fahren, so produziert Ihr Körper Adrenalin. Wenn Sie einen guten Tag hatten, füllt sich Ihr Körper mit Serotonin und Sie fühlen Sie glücklich und positiv.

Kurzum, Ihre Gefühle von Glück, Produktivität, Freude, Kreativität, Beziehung, eigener Attraktivität usw., entstehen aus einer Unmenge an unterschiedlichen Hormonen/Botenstoffen, die in unterschiedlichen Mengen produziert und "versendet" werden.

Neurotransmitter für unglaubliche Fähigkeiten

Unsere Botenstoffe lösen also bestimmte Zustände aus. Dies kann sehr positive Effekte für Sie haben.

Ein gutes Beispiel dafür ist sicher der sog. "Flow-Zustand". Wenn Sie "im Flow" sind, dann vergeht die Zeit wie im Fluge. Alles passt zusammen und Ihnen gelingt alles, was Sie gerade machen. Es ist der Zustand, indem Sie der/die Beste sind, der Sie sein können. Das Ergebnis von absoluter Konzentration, höchster Reaktion, ungewöhnlicher Kreativität usw.

Es passiert vielleicht, wenn Sie Tennis spielen und jeder Schlag, jede Bewegung, jede Reaktion ist genau die Richtige. Sie vergessen alles um sich herum. Es passiert, wenn Sie sich mit Freunden treffen und sich unterhalten und Freude haben und die Nacht nie zuende gehen soll.

Auch dieser Zustand ist durch Hormone gesteuert. Sie sind konzentriert, hochmotiviert und ohne die unterschwelligen Gefühle von Angst oder Unsicherheit, die Sie vielleicht sonst dabei bekommen würden. Heute sind Bildaufnahmen des Gehirn möglich und es zeigt sich, bei Aufnahmen des prefrontalen Kortex, der zuständig ist für Angst und Selbstzweifel, dass in diesem Zustand des Flow, dieser Part quasi "ausgeschaltet" ist.

Viele sportlichen Erfolge entstehen angeblich im Flow-Zustand und es gibt Berichte, die auch im beruflichen Umfeld gleiche Ergebnisse zeigen. Stellen Sie sich jetzt bitte einmal vor, was Sie erreichen können, wenn Sie diese Zustände ganz bewußt und gewollt erreichen können, um konzentriert zu sein und ihre Probleme perfekt zu lösen.

Aber auch genau das Gegenteil von Aktivitäten und Erfolgen existiert natürlich. Es ist bekannt als das "Ruhezustandsnetzwerk". Diese

Hirnstruktur springt häufig dann an, wenn man mit Routineaufgaben beschäftigt ist. Vielleicht beim Duschen oder beim Joggen, erreichen Sie eventuell einen Zustand, indem Sie gedankenverloren Ihre Tätigkeit ausüben. Vielleicht kennen Sie den Effekt, wenn Sie Auto fahren. Manchmal stehe ich morgens auf dem Parkplatz vor dem Bürogebäude und muß mich fragen: "Wie bist Du eigentlich hierher gekommen?" Sie haben dabei keine bewußte Erinnerung an die Autofahrt.

Genau dann kommen Sie allerdings auch auf kreative Ideen und Lösungen, die Sie bei angestregtem Nachdenken nie gekommen wären. In diesem entspannten Zustand ergeben sich vielleicht neue neuronale Verbindungen, die es vorher nicht gab. Dieser entspannte Zustand, so ist überliefert, führte auch bei Einstein zur Erkenntnis der Relativitätstheorie, während er beim Patentamt arbeitete.

Unsere sog. "Blitzlichterinnerung", zeigt uns, dass wir uns an bestimmte Ereignisse sehr klar und langfristig erinnern können. Vielleicht weil die Geschehnisse bei uns eine Art Schock oder Schreck ausgelöst haben. Der 9. September 2001 oder das Attentat auf Kennedy sind Beispiele dafür, dass Menschen sich sehr genau daran erinnern können, was sie gerade getan haben, als sie die Nachricht erhalten haben.

Genauso kennen Sie sicher Begebenheiten von sog. "übermenschlichen Kräften", die immer dann entstehen, wenn Menschen in extremen Situationen etwas machen müssen. Wie Mütter, die sogar Autos anheben können, wenn Ihre Kinder, Opfer eines Verkehrsunfalls geworden sind oder Bergsteiger, die Ihre Kameraden aus schier auswegloser Situation gerettet haben.

Diese Effekte, die Neurotransmitter auslösen, versucht man auch auf chemische Weise zu erzeugen. So gibt es sog. Smarte Drogen, die diese Effekte auslösen sollen. Es gibt bestimmte Medikamente, auch als "Nootropika" bekannt, die z.B. die Gedächtnisleistung oder die Denkleistung erhöhen sollen.

Das Problem dieser Drogen, bei denen auch die Wirkungsweise nicht eindeutig bestimmt werden kann, ist, dass sie viele Nebenwirkungen und negative körperliche Auswirkungen haben. Glücklicherweise gibt es viel bessere Wege die Produktion unserer gewünschten Neurotransmitter und damit unseren gewünschten Zustände selbst herzustellen und zwar auf Knopfdruck sozusagen.

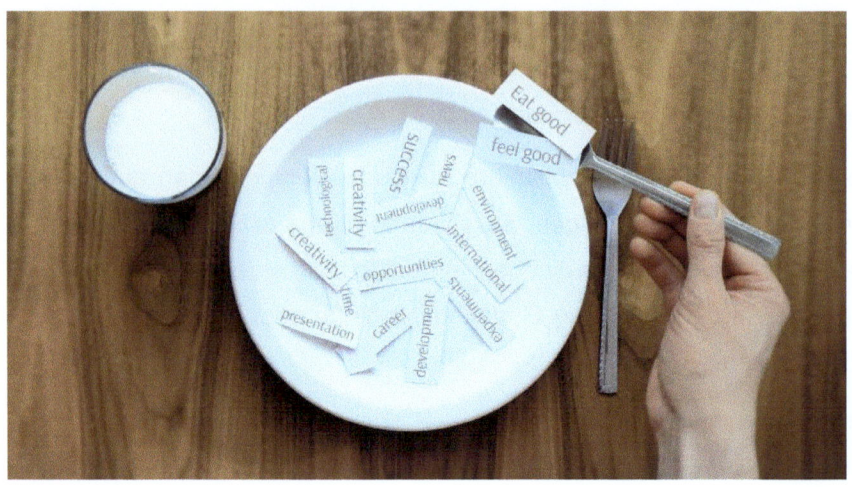

Kapitel 3:

Verbesserung Ihrer mentalen Fähigkeiten

Um es klarzustellen:

Nicht nur Ihre Gedanken oder Einstellungen führen zu Veränderungen in Körper und Geist. Genauso wichtig wie die psychologischen Zusammenhänge sind natürlich auch Ihre biologischen Wechselwirkungen und Abhängigkeiten. Genauso wichtig wie Ihre Gedanken, ist auch Ihr Lebenstil, Ihre Gewohnheiten und Ihre kontinuierlichen Aktivitäten - Ihre Routinen.

Zum Beispiel ist Ihre Ernährung auch für die Produktion von Serotonin zuständig. Warum? Weil Ihre Nahrung - speziell Kohlenhydrate- die Produktion einer bestimmten Aminosäure, Tryptophan genannt, fördert.

Beispiel: Wenn durch Nahrungsaufnahme, Ihr Blutzuckerspiegel steigt, fängt Ihr Körper an Insulin zu produzieren. Das Insulin neutralisiert den Blutzucker. Ansonsten kann der Blutzucker nur durch Aktivitäten abgebaut werden oder es wird als Fett im Körper abgelagert.

Tryptophan ist eine Vorstufe des Serotonin und wird nicht absorbiert. D.h. es gelangt unversehrt ins Gehirn. Die Wirkung des Serotonin haben wir weiter vorne kurz beschrieben. Das ist also der Grund, warum man sich nach einem Essen meist gut fühlt. Gleichzeitig wird ebenfalls Ghrelin produziert, dieses Hormon gibt ein Signal der Fülle und soll uns davon abhalten uns zu überfuttern. (Bei manchen Menschen scheint dieser Mechanismus nicht so gut zu funktionieren;)

Später wandelt sich der Serotonin-Anteil in Melatonin um - das Schlaf-hormon-. Deshalb sind Sie nach dem Weihnachtsschmaus so müde! Melatonin reduziert die Hirnaktivitäten und es werden weitere hemmende Hormone wie das sog. GABA (eine Aminobuttersäure) produziert, was den Effekt weiter verstärkt.

Wußten Sie übrigens, dass Dunkelheit, die Produktion von Melatonin anregt? Während Sie, bei langen Wachphasen, Adenosin produzieren. Dieses Hormon schützt die Gehirnzellen vor Überlastung, was dazu führt, dass Ihr Gehirn immer unkonzentrierter wird. Sie fühlen sich nebelig im Kopf.

Das bedeutet, dass Sie nach einem langen Arbeitstag und einem großen Essen am Ende des Tages, wesentlich müder sind und es Ihnen wahr-scheinlich auch schwerer fällt, morgens wieder wach und produktiv zu werden. Der Grund dafür ist eben nicht, dass Sie faul oder dergleichen sind, sondern es sind die Auswirkungen Ihrer biologischen Vorgänge.

Nehmen wir einmal an, wir möchten wach, aufmerksam und aktiv sein. Was ist zu tun? Eine einfache Möglichkeit ist es rauszugehen. An die frischen Luft, ans Tageslicht. Vielleicht sogar Sonnenlicht, denn Sonnenlicht fördert die Produktion von Kortisol, was uns u.a. wach macht. Das ist auch der Grund, warum Sie am Abend, beim Schauen auf Ihr Handy oder den Fernseher nicht direkt ins Bett gehen sollten. Das Licht macht Sie meistens wacher.

Oder was ist mit einer kalten Dusche? Die Dusche stimuliert die Produktion von Epiphidrin, Norepiphidrin und Testosteron, die uns allesamt wacher und konzentrierter machen. Übrigens ist es das Adrenalin, was unsere Haare zu Berge stehen läßt und eine Gänsehaut macht, wenn wir frieren.

Laute Geräusche können uns so erschrecken, dass wir wach werden. Auch ein Hungergefühl, macht Sie wacher. Wenn Sie hungrig sind, haben Sie einen geringen Serotoninspiegel im Hirn. Das löst wiederum die Produktion von Kortisol aus -einem Stresshormon. Deshalb sind manche Menschen etwas ärgerlich und gereizt, wenn sie Hunger haben.

Setzen Sie Ihre Biologie ganz bewußt ein

Also, was lernen wir daraus?

Wie können wir das Gelesene in unserem Sinne einsetzen?

Zum Anfang ist es schon sinnvoll zu verstehen, dass Ihr Körper und Geist ständig mit Ebbe und Flut unserer Hormone zu tun hat:) D.h. gehen Sie mit Ihren Ups und Downs am Tag entspannt um. Es ist erst einmal nicht alamierend, wenn Sie gestresst sind oder müde. Allerdings kann Ihr Urteilsvermögen schon durch Ihre Laune beeinträchtigt werden. Also lassen Sie Ihre Bewertungen und Urteile nicht von Ihrer Laune beeinflussen. Vielleicht schimpfen Sie mit Ihren Lieben, nur weil Sie hungrig sind. Das kann dazu führen, dass Sie negative Gedanken haben, die nichts mit der Situation zu tun haben. Vorsicht also! Wenn sich das erst einmal einspielt, haben Sie ein neues negatives Verhaltensmuster.

Denken Sie daran! Das Sie etwas ärgert, ist vielleicht nur das Ergebnis einer hormonellen Ausschüttung aus Kortisol und Testosteron oder einer Mischung von beiden. Versuchen Sie nicht die Gedanken, die dabei entstehen, abzuspeichern, als wären es reale Erfahrungen. Das kann Ihr Leben starkt beeinträchtigen.

Zurück zum Thema Wachheit. Sie können aktiv daran arbeiten, fit und erfrischt aufzuwachen, indem Sie vielleicht eine kalte Dusche am Morgen geniessen oder ein blaues Licht ans Bett stellen. (Blaues Licht hat dieselbe Wellenlänge wie das Sonnenlicht).

Wenn Sie etwas schlechtere Laune haben, vielleicht fördern Sie Ihren Serotoninspiegel, indem Sie Vitamin C verstärkt zu sich nehmen......oder Sie bewegen sich etwas.

Denn Bewegung erhöht ebenfalls die Serotoninproduktion. Das ist übrigens der Grund für den sog. "Runners High", also den euphorischen Zustand, in den Marathonläufer kommen können.

Vielleicht möchten Sie auch in Bestform sein für Beruf und Freizeit? Dann nutzen Sie die Informationen zum Thema Schlaf. Das kann Ihnen helfen, erfrischter aufzuwachen. Ihr Gehirn wird leistungsfähiger sein und kreativer. Also kein Fernsehen kurz vor dem Schlafengehen.

Eine weitere Möglichkeit ist es, Ihre täglichen Abläufe an die Gegebenheiten anzupassen. Wenn Sie sich also nach dem Essen müde fühlen, stellen Sie sicher, dass Sie die wichtigen Dinge bereits erledigt haben, bevor Sie sich an den Essenstisch setzen. Sie möchten vielleicht abends etwas aktiver sein? Verlegen Sie Ihre Abendmahlzeit um 30 Minuten nach hinten. Genau anders herum sieht es aus, wenn Sie kreativ sein wollen. Dann macht es Sinn, entspannt und ruhig zu sein, was nach einem mittelgroßen Mahl gut funktioniert.

Bekämpfen Sie den Stress

Sehr hilfreich ist es beispielsweise, wenn Sie wissen, wie Sie mit stressigen Situationen umgehen können. Nutzen Sie dazu Ihren Körper. Wir wissen, dass wir unter Stress oder sogar Panik, einen erhöhten Herzschlag haben und unsere Atmung flach und schneller wird.

Je schneller Sie atmen, umso schneller schlägt auch Ihr Herz.

Wenn Sie also, tief ein- und ausatmen, fördert das Ihren Ruhe- und Entspannungszustand. Das tiefe Atmen ist einer der besten Wege runter zukommen und auch Angstattacken abzuwehren.

Wie Sie Ihre mentale Stärke stärken

Was ist nun das Fazit aus dem Gelesenen? Es ist ein beruhigendes Gefühl, wenn Sie wissen, Sie sind in guter körperlicher Verfassung und essen das Richtige. Das Wissen, dass Sie selbst beeinflussen können, welche chemischen Prozesse sich bei Ihnen abspielen und ihr Gehirn arbeitet in Bestform, gibt Ihnen ein gutes Stück Macht über Ihr Leben zurück.

So spielt, in der Ernährung, die Vitaminzufuhr ein große Rolle. Wichtige Vitamine sind z.B. B12 und B6, die die Produktion von Botenstoffen im Gehirn anregen. Weiterhin sind Vitamine D, Vitamin C, Magnesium, Zink und andere wichtig. Diese Stoffe helfen Ihnen, quasi wie auf Knopfdruck Ihr Gehirn in einen konzentrierten oder in einen entspannten Zustand zu bringen. Sie werden auch feststellen, dass Sie über längere Zeiträume viel wacher sind als zuvor.

Zur Klarstellung:

Dies hier ist kein medizinisches Buch und ich bin kein Arzt. Falls Sie dazu eine professionelle Meinung haben möchten, verweise ich Sie an Ihren Hausarzt oder Arzt Ihres Vertrauens, der die richtigen Ratschläge geben wird. Ich möchte hier nur eine kleine Aufzählung von einigen wichtigen Nahrungsbestandteilen zusammenstellen, damit Sie noch ein paar Einblicke bekommen, wie unsere Nahrung, unser Verhalten beeinflußt.

Acetylcholin, das Sie vermehrt beispielsweise in Eiern finden, stärkt Ihre sensorischen Fähgkeiten und Ihr Gedächtnis.

Viele Kohlenhydrate sind wichtig für die Energiezufuhr und für verschiedenste Hirnaktivitäten. So ist beispielsweise Knoblauch sehr hilfreich für die Durchblutung und die Sauerstoffversorgung des Gehirn. Es gibt Studien, die zeigen, dass auch Kreatin, dass wir in vielen Lebensmitteln finden, sehr gut für die Hirnaktivität ist. Omega 3 Fettsäuren erhöhen die Durchgängigkeit der Zellmembrane, was dazu führt, dass die Kommunikation der Neuronen besser funktioniert und regelmässige Denksportübungen, erhöhen die Anzahl an neuen Verbindungen der Neuronen untereinander, was Ihre Lernfähigkeit und Ihre Gedächtnisleistung nachweislich erhöht.

Kurz gesagt, helfen Ihnen eine entsprechende Ernährung und regelmässige Übungen, die Leistungsfähigkeit zu steigern und bis ins hohe Alter zu halten. Guter Schlaf, etwas Bewegung durch joggen oder walken und Gewichte heben, sowie die Vermeidung von nährstoffarmer Nahrung hat sehr große Auswirkungen auf Ihre Leistungsfähigkeit jeden Tag und Ihr Wohlbefinden auf lange Sicht.

Kapitel 4:

Wie Sie ganz bewußt Ihre Denkweise optimieren

Wenn Sie sich an die Tipps im vorherigen Kapitel halten, werden Sie recht schnell erste Ergebnisse, wie Wachheit, Stimmungsaufhellung und verbesserte Leistungsfähigkeit auf lange Sicht feststellen.

Nun kommen wir zum nächsten Kniff, nämlich wie Sie Ihre Stimmung und Ihre innere Einstellung von Jetzt auf Gleich umstellen. Wie Sie den Schalter umstellen und so eine neue Dimension von Macht über sich selbst herstellen können. Wie Sie aus einem Zustand des Ärgers und der Niedergeschlagenheit in Sekunden in einen Zustand der Motivation und der Freude wechseln können, um die Nachteile eines negativen

Zustandes zu vermeiden. Wie Sie sich schneller konzentrieren können oder in einen entspannten Zustand kommen, wenn Sie es wollen.

Es geht hauptsächlich um Ihre Wahrnehmung

Wir haben es bereits vorher erwähnt. Unsere Erfahrungen steuern unsere Gefühle, unsere Bewertungen geben die Richtung unseres Denkens vor. Sie erinnern sich, allein dass Sie einen Löwen sehen, löst viele unterschiedliche Reaktionen im Gehirn und in Ihrem Körper aus.

Wenn Sie getrunken haben, fühlen Sie sich benebelt und zwar, weil Sie Ihrem Gehirn das sog. GABA zugeführt haben. Doch wenn sich Ihr Freund verletzt oder etwas passiert, wird eine Flut von Epinephedrin und Dopamin dazu führen, dass Sie sofort "wieder nüchtern" sind, klar denken und sofort helfen können, um mit dieser Krisensituation fertig zu werden.

Aber was passiert, wenn da kein Löwe ist und Sie nur denken: Da ist ein Löwe?

Was ist, wenn der Löwe da ist, Sie ihn aber nicht sehen?

Letztendlich ist es nicht der Löwe, der diese Reaktionen auslöst, sondern Ihre Wahrnehmung und Ihr Glaube an den Löwen, der die Reaktionen auslöst.

Anders ausgedrückt: Stellen Sie bitte einmal vor, Sie hätten zuvor niemals einen Löwen gekannt oder gesehen. Sie hätten also keine Meinung zu dem Tier. Was würde passieren?

Vielleicht würden Sie denken, dass er niedlich und kuschelig aussieht und sofort würden andere Gefühle, andere Verhaltensweisen erscheinen.

Es springt nicht der Kampf- oder Fluchtmechanismus an, sondern vielleicht der Kuschelreflex. Es ist immer eine Frage, wie Sie eine Situation einschätzen, die Ihre Reaktion und Ihr Verhalten bestimmen.

Diese Art der Bewertung finden jeden Tag bei Ihnen und allen anderen Menschen tausendfach statt. Das ist der Grund, warum die Einen bei einem Ereignis sofort Panik bekommen und die Anderen ganz entspannt und ruhig werden. Das ist der Grund, warum die Einen ständig im Stress sind und die Anderen eher entspannt und manchmal sogar lethargisch wirken.

Stellen Sie sich bitte einmal vor, Sie hätten im Beruf eine Deadline einzuhalten, von der Sie glauben, Sie schaffen es nicht. Manche von uns würden jetzt in Panik ausbrechen und hektisch viele verschiedene Dinge tun. Andere Menschen werden eher ruhig und setzen sich hin, um sich einen Plan zu überlegen, wie es doch klappen könnte. Jede Reaktion ist also anders.

In einem solchen Szenario wäre der Mittelweg vielleicht der Beste. D.h. auf der einen Seite, sollte ein wenig Aufgeregtheit und Nervosität dafür sorgen, dass Sie in Aktion bleiben, wobei ein anderer Teil nicht übertreiben sollte, sodass Sie die nötige Gelassenheit haben, den Überblick zu behalten.

Sie sehen also jede Reaktion auf eine bestimmte Situation ist davon abhängig, wie Sie die Situation einschätzen, aufgrund Ihrer Erfahrungen und Erlebnisse aus der Vergangenheit. Sobald Sie diese Situationen bewußt erleben und entsprechende Schlüsse daraus ziehen, werden Sie zum aktiven Teil der Vorgänge.

Sie waren also bis jetzt meist "ein Opfer" Ihrer Vergangenheit. Sie wurden eher durch Ihre eigene Geschichte gelenkt. Durch die Art, wie

Sie Dinge erlebt und darauf reagiert haben. Sie haben sich in der Vergangenheit ganz unbewußt jeden Tag so trainiert und wenn Sie nichts dagegen tun, wird das auch so bleiben. Viele unserer Verhaltensweisen haben wir uns vielleicht auch nur abgeschaut und sind bis heute dabei geblieben.

Das kann ab heute anders werden. Denn ab heute bekommen Sie die Kontrolle über Ihre Reaktionen, Ihre Gedanken und Ihre Gefühle zurück.

Warum ist das wichtig?

Ganz einfach: Stellen Sie sich einmal folgende Situation vor.

1. Frage: Gibt es eine Aufgabe, in Beruf oder privat, die Sie nicht gerne ausführen? Ich mache diese Übung gerne in meinen Trainings. Beispiel: Nehmen wir einmal an, Sie bügeln nicht so gerne.

2. Warum bügeln Sie nicht gerne? Es gibt sicher viele Gründe, die Sie anführen können, warum Sie das Bügeln nicht mögen. Es gibt allerdings eine Frage, die Sie sich stellen solten und ich frage das auch im Training: Wenn Sie also diese und jene Gründe anführen, warum Sie nicht gerne bügeln und es steht wieder diese Aufgabe an. Sie stellen sich also gerade die ganze Gründe wieder vor.

BÜGELN SIE JETZT LIEBER?

Natürlich nicht! Das bedeutet, wenn Sie diese Meinung/Bewertung übers Bügeln haben, erleichtert es Ihre Aufgabe kein bisschen. Ganz im Gegenteil: Meist fällt es uns dann noch schwerer. Richtig?

Das bedeutet:

Ihre Einstellung, Ihre Meinung und Ihre Erfahrung im Leben führen zu bestimmten eigenen Bewertungen. Doch diese Gedanken helfen Ihnen nicht. D.h. es macht keinen Sinn, sich Bewertungen anzueignen, die Ihnen für die Zukunft nicht helfen.

Aber so arbeitet unser Gehirn. Es möchte aus Erfahrungen lernen. Aus Gründen des Überlebens ist diese Verhaltensweise früher (in der Steinzeit) sehr gut gewesen. Doch heutzutage sind die negativen Auswirkungen viel größer, als uns lieb ist. Wir denken aber im Alltag nicht bewußt darüber nach. Wir nehmen unsere Erfahrungen als gegeben hin und machen uns dadurch unser Leben unnötig schwer. Weil unsere Routinen uns ganz unbewußt von einem "vernüftigen Verhalten" abhalten.

Die Idee hinter der Achtsamkeit

Der Grundgedanke ist aus der Tatsache ableitbar, dass unser Verhalten sich aus unseren Assoziationen, unseren Mustern und unseren früheren Erfahrungen entwickelt hat. Dadurch ergeben sich biochemische Prozesse in unseren Körper und unserem Geist, die wiederum bestimmte Auswirkungen auf Körper und Geist haben. So kann eine Spirale aus ungünstigen Zusammenhängen entstehen, aus der wir schlecht wieder herauskommen.

In einer stressigen Situation, also einer Situation, die wir als stressig bewerten, setzen wir Reaktionen und Prozesse in uns frei, die dann unkontrolliert in uns ablaufen. Das steigert dann den Stress und...... Wir geraten in eine Negativspirale.

Daher ist es wichtig, ganz bewußt eine solche Reaktionkette wahrzunehmen und mit ihr zu spielen.

Das ist mit Achtsamkeit gemeint. Dem ersten Schritt auf dem Weg zur verbesserten Kontrolle über das eigene Ich.

Diese Technik führt dazu, für bestimmte Situationen einmal andere Interpretationen zu finden. Andere Assoziationen und andere Bilder im Gehirn zu etablieren und so neue, gewünschte Verhaltensweisen anzutrainieren. Es geht also im Grunde um eine bewußte Neustrukturierung im Gehirn und somit um das Erlernen eines neuen Verhaltens. Das hört sich komplizierter an, als es ist und ich zeigen Ihnen in diesem Buch, wie es geht.

Im ersten Schritt sollten Sie sich einfach Ihres Verhaltens viel bewusster werden. Beobachten Sie Ihre Gedanken, Ihre Meinungen und Einstellungen und Ihre Gefühle jeden Tag, immer dann, wenn es Ihnen einfällt. Dazu gibt es verschiedene Möglichkeiten.

Zum Beispiel, indem Sie sich ein kleines Journal anlegen. Sie legen sich einfach ein kleines Heftchen zu, in das Sie Ihre Gedanken und Gefühle hineinschreiben. Vielleicht gerade vor den Dingen, die Ihnen Sorgen bereiten oder vor denen Sie Respekt oder Angst haben.

Damit können Sie Ihre ganz spezielle Art und Weise herausfinden, wie bei Ihnen eine solche Angst entsteht. Was muss als erstes passieren, was fühlen oder denken Sie als nächstes? Was passiert dann bei Ihnen? Auf diese Weise werden Sie immer sicherer im Umgang mit Ihren Gedanken. Bitte denken Sie daran. Der erste Schritt beginnt immer in Ihrem Inneren.

Eine weitere Strategie dazu, ist die Methode, sich von seinen Gedanken zu lösen.

Das funktioniert ganz gut mit den Techniken, der Meditation. Vielleicht haben Sie damit schon Erfahrungen gesammelt. Ich kenne viele Menschen, die mir sagen:

"Meditation ist schwierig" oder" Sie funktioniert bei mir nicht." "Ich kann meinen Kopf nicht von meinen Gedanken leeren. Ich kann mich nicht so lange auf Nichts konzentrieren". Diese Aussagen sind weit verbreitet und ich kann sie nachvollziehen. Es gibt sogar Experten, die behaupten man kann wirklich nicht, keinen Gedanken haben. Die Art der Meditation, die ich Ihnen jetzt vorstellen möchte, geht einen anderen Weg.

Es geht nicht darum NICHTS zu denken, sondern seine Gedanken ganz bewusst in eine andere Richtung zu lenken. Wenn Sie also wieder in Ihre "Schleife der schlechten Gedanken" hineinrutschen, denken Sie lieber:

Was will mir mein Gehirn damit zeigen? Wovor möchte es mich schützen? Was ist die gute Absicht dahinter?

Jetzt beobachten Sie einfach Ihren Gedankenfluss. So als ob Sie eine andere Person wären, die sich von außen sieht. Finden Sie Erklärungen dafür. Das wird Sie ruhig machen und Ihnen wichtige

Hinweise geben, wie Ihr Gehirn arbeitet. Wenn Sie "Ihre Maschine" verstanden haben, können Sie viel besser mit ihr arbeiten, und Sie entkommen Ihren Denkmustern und Verhaltensweisen, die sich sonst automatisch einschalten.

Wenn Sie also die Gedanken, die Sie stressen, kennen und wissen, wie Sie diese Gedanken in Ihrem Kopf arbeiten, können Sie ganz bewusst dagegen angehen oder besser damit umgehen.

Wenn Sie beispielsweise Angst haben öffentlich zu sprechen, weil Sie sich vorstellen, wie Sie den Faden verlieren oder stottern oder stolpern und sich ausmalen, was das Publikum dann macht, führt das dazu, dass Sie sich sehr unwohl fühlen oder das öffentliche Sprechen komplett vermeiden wollen. Oder wenn Sie Höhenangst haben, stellen Sie sich vielleicht vor, wie Sie fallen und was noch alles passieren kann. Was man in solchen Situationen nicht wahrnimmt ist, dass diese Vorstellungen in Ihrem Kopf, genau die neuronalen Verbindungen stärkt, die Sie gar nicht wollen. Damit trainieren Sie sich immer stärker, Angst oder andere negative Gefühle zu bekommen. Damit wird Ihre Reaktion auf die angstmachenden Auslöser immer stärker. Sie fallen in Ihre Negativspirale. Das wollen Sie nicht oder?

Besser ist es, diese Mechanismen aufzubrechen und gewünschte Abläufe zu trainieren, die uns helfen und unterstützen. Der erste Schritt ist tatsächlich Ihre Gedanken zu hinterfragen. Fragen Sie sich z.B.: Ist die Situation gerade real oder denke ich es nur in meinem Kopf. Wenn Sie also befürchten, dass das Publikum lacht, wenn Sie den Faden verlieren, fragen Sie sich, wird das wirklich passieren oder sind die Menschen vielleicht freundlich und würden mir sogar dabei helfen, den Faden wiederzufinden. Was würden Sie machen, wenn Sie im Publikum sitzen würden?

In Wirklichkeit? In Wirklichkeit wirken Sie wahrscheinlich noch sympathischer, wenn so etwas passiert. Sie sind ein Mensch!

Vielleicht hilft es Ihnen bereits, wenn Sie für den "Ernstfall" einen Plan als Reaktion haben. Mit anderen Worten, wenn Sie beispielsweise stottern würden, dann könnten Sie, wenn der Fall eintritt, einen Witz über Stotterer einstudieren und erzählen, um dem Ganzen den Ernst zu nehmen und sich selber auf die Schippe zu nehmen. So wirken Sie sogar souverän und hinterlassen einen starken Eindruck.

Übrigens: Interessiert es Sie wirklich, was völlig fremde Mensche über Sie denken? Vielleicht sehen Sie sie niemals wieder...und finden Sie das soooo wichtig?

Noch ein Beispiel: Stellen Sie sich vor, Sie haben in Ihrem Job einen Bericht erstellt und es stellt sich heraus, dass Sie dort einen Fehler gemacht haben. Sie haben nun Angst, um Ihren Job.

Doch ehrlich, lassen Sie uns das Ganze einmal nüchtern betrachten.

Ist Ihr Chef tatsächlich so knallhart? Gibt es nicht auch gesetzliche Regelungen, die Sie davor schützen können? Gibt es vielleicht gute Gründe, warum dieser Fehler entstanden ist?... und selbst wenn Sie gefeuert würden... Würden Sie nicht schnell wieder auf die Füsse fallen? Gibt es andere Firmen, die Sie gerne als Mitarbeiter hätten? Wäre es nicht vielleicht sogar eine Chance etwas anderes zu tun? Vielleicht den Job, von dem Sie immer geträumt haben?

Stellen Sie sich bitte einmal dieses Szenario vor. Plötzlich ist das Ganze nicht mehr so schlimm.

In diesen Beispielen haben Sie aus dem bedrohlichen Löwen ein schnurrendes Kätzchen gemacht...

...und das Dank Ihrer neuen Perspektive. Je mehr Sie diese Art der Gedankenkontrolle üben und einsetzen, umso besser werden Sie. Jetzt stehen Sie den verschiedensten schwierigen Situationen gelassener und souveräner gegenüber. Das bemerkt auch Ihre Umwelt. Plötzlich wenden sich Menschen an Sie, um Ihren Rat einzuholen. Das macht Sie noch souveräner. Jetzt üben Sie genau diese Situationen, die weitere Menschen anzieht und Sie starten Ihre Positivspirale.

Ein weiteres wichtiges Werkzeug hat mit dem eigenen Glauben zu tun und ich meine dies nicht religiös:)

Das Problem, um wirklich mit Krisen umgehen zu können, liegt darin, dass Sie auch wirklich daran glauben müssen, aus der Krise wieder herauszukommen.

Es reicht nicht aus, sich etwas vorzusagen. Sehr häufig wird das mit dem "positiven Denken" verwechselt und missverstanden. Viele Menschen denken, wenn ich es mir "schön rede", dann wirkt es schon.

Darum geht es nicht. Wenn Sie Ängste, Krisen oder sogar Phobien bewältigen wollen, dann ist es entscheidend, dass Sie wirklich daran glauben, was Sie sich sagen. Sie müssen es auch innerlich in der Tiefe Ihres Herzen glauben. Sie müssen es mit Gewissheit denken.

Wie bekome ich eine solche Gewissheit?

Ganz einfach, Sie gehen den nächsten logischen Schritt. Sie beweisen sich, dass es so ist. Denn diese Beweise führen zu starkem Glauben. Der Grund, warum manche Menschen etwas nicht glauben ist häufig, dass Sie keine Beweise in Ihrem Leben dazu haben. Wer nie wirklich Erfolg erlebt hat, glaubt auch in Zukunft nicht daran. Wie macht man das also?

Ganz einfach: Nehmen wir das Beispiel mit dem öffentlichen Reden.

Wenn Sie Angst haben, wortlos vor dem Publikum zu stehen, weil Sie den Faden verloren haben, dann machen Sie das bei nächster Gelegenheit einfach einmal. Stehen Sie dort und machen einmal eine längere Pause. Tun Sie so, als wüssten Sie gerade nicht weiter. Sehen Sie was passiert? Lachen die Leute über Sie? Gibt es "Buh-Rufe"? Nein. Die Zuhörer warten geduldig. Ab diesem Zeitpunkt wissen Sie, was passiert und Sie erlangen Gewissheit. Nichts wovor man Angst oder Befürchtungen haben muss. Damit sind Sie zukünftig gewappnet.

Das ist, **eine Art Konfrontationstherapie** für sich selbst. Sie setzen sich der Situation aus, vor der Sie sich fürchten. Es gibt tatsächlich nicht viele Dinge, die in Ihrem Alltag wirklich lebensbedrohend sind.

Also lernen Sie damit umzugehen. Sie lernen, was wirklich passiert und Sie erleben es. Sie entwickeln ein Gefühl dafür. Stellen Sie sich Ihren Befürchtungen. Sie trainieren sich und mit diesem Wissen, lässt es sich dann gut umgehen. Ich kenne Berichte von Fallschirmspringern, die kurz vor dem Sprung einen Puls von 60 Schlägen pro Minute haben. Warum?

Weil Sie diese Sprünge schon hundertfach ausgeführt haben und sie wissen bis in die letzte Nervenbahn, wie das Ganze abläuft und dass es nichts gibt, wovor man Angst haben müsste.

Sie können sich schrittweise solchen Situationen annähern. Vielleicht beginnen Sie damit, sich solche Situationen mit Ihrer neuen Denkweise vorzustellen. Das kann bereits ausreichen, um Ihre Psychologie zu trainieren und die unerwünschten Reaktionen auszulöschen.

Ein weiterer Aspekt und eine der effektivsten Übungen, die ich kenne…

…Werden Sie im sozialen Umfeld mutiger! Was soll das heißen?

Nun die meisten Menschen haben eine natürliche Abwehrhaltung, z.B. Fremden gegenüber. Auf fremde Menschen zuzugehen und sie anzusprechen, löst häufig Schutzmechanismen im Menschen aus. Beispiel: Stellen Sie sich eine Party vor. Früher in jüngeren Jahren, haben wir Parties veranstaltet, die mehrere Gastgeber hatten. Wenn ich also mit meiner Freundin eine Geburtstagsparty ausgerichtet habe, so luden wir viele Leute ein. Meine Freunde waren da und die Freunde meiner Freundin. Wenn Sie die Situation auch hatten, dann wissen Sie, wie das Ganze zu Anfang der Party aussah. Der eine Freundeskreis steht in der einen Ecke, der andere Freundeskreis in der anderen Ecke. Kennen Sie das?

Das ist ja ganz natürlich, denn niemand hat sich getraut einfach mal rüberzugehen und die anderen Freunde anzusprechen. Man blieb unter sich.

Jeder von uns hat solche Reaktionen und das Sprechen mit einer fremden Person führt immer zu Unsicherheit und zu einem gewissen "Stresspegel". Wir fühlen uns unwohl und senden unbewusst auch solche Signale in die Umwelt. Also auch in Richtung der anderen Partygäste. Das ist ganz normal und hat wieder einmal mit unserer Entwicklungsgeschichte zu tun. Freund-Feind-Kennung: Sie erinnern sich?

Wenn Sie sich in solchen Situationen ganz bewusst einbringen, trainieren Sie sozusagen Ihren "Sozialen Muskel". Sie werden immer sicherer und Ihr Stressniveau sinkt merklich.

Vielleicht machen Sie es so wie ich.

Ich fahre beispielsweise öfter mit öffentlichen Verkehrsmitteln. Dort müssen die Menschen warten oder die Warteschlange an der Kasse des Supermarktes. Fangen Sie dort einmal ein kleines Gespräch an. Das kann sehr spannend und sicher interessant sein.

Ich persönlich habe auf der Zugfahrt bereits Menschen kennen gelernt, die einen Beruf ausüben, von dem ich zuvor niemals gehört hatte. Ich wundere mich immer wieder, womit Menschen Ihr Geld verdienen. Höchst Interessant! Ausserdem verkürzt es die eigene Wartezeit. Vorteil, Vorteil, Vorteil.

Je mehr Sie üben, umso leichter fällt es Ihnen. Probieren Sie es aus. Je häufiger Sie Ihre Hürden überwinden, um so leichter fällt es Ihnen. Es gibt bald keine Situation, die Sie nicht bewältigen können und gute Kommunikatoren sind gefragte Leute!

Kapitel 5:

Das neue Ich

Bis hierhin haben wir herausgefunden, wie Sie es schaffen können, mit weniger Stress beruflich und privat besser zu leben. Wir haben gesehen, dass es hilft, seine Befürchtungen zu hinterfragen und sich andere Szenarien vorzustellen. Einmal zu prüfen, wie realistisch seine eigenen Vorstellungen tatsächlich sind und kontinuierlich aktiv daran zu arbeiten, sich in diese Situationen zu stürzen. Ein wenig Logik und ein wenig Mut reicht schon, um sich seinen größten Problemen erfolgreich zu stellen.

Bereits jetzt werden sich manche Dinge für Sie ändern!

Zu Anfang habe ich bereits vom Gesetz der Anziehung gesprochen. Wir haben gesehen, wie einfach es sein kann, seine Gefühle zu ändern und welche Auswirkungen das direkt auch auf seine Umwelt hat. Lassen Sie uns diesen Aspekt der Umwelt etwas detaillierter ansehen.

Was ist das Gesetz der Anziehung?

Ein Beispiel: Es hört sich vielleicht etwas komisch an, aber Statistiken und Befragungen zeigen überraschend, dass die meisten Menschen etwas teurere Geschenke für Freunde kaufen, die sie für wohlhabender halten, als für andere. Sogar teurer, als diese wohlhabenden Menschen vielleicht für sich selbst kaufen würden.

Die Realität zeigt, dass reichere Menschen viele Dinge besitzen und häufig qualitativ höherwertige Artikel kaufen. Daher ist ein passendes Geschenk viel schwerer zu finden. Dadurch, dass wir vermuten, dass diese Menschen uns auch kostspieligere Geschenke machen, kaufen auch wir tendenziell etwas Teureres.

Dies ist ein simples Beispiel für das Gesetz der Anziehung. Je mehr schöne Dinge Sie haben, umso mehr schöne Dinge kommen hinzu.

Der gleiche Zusammenhang lässt sich auch direkt auf das Thema Geld beziehen.

Je mehr Sie sparen, umso größer können Ihre Anschaffungen und Investments sein. Je mehr Sie sparen, umso mehr Zinsen erwirtschaften Sie. Geld kommt zu Geld.

Das Gleiche funktioniert auch im Zusammenhang mit Ihrem Selbstbild. D.h. wie Sie über sich selbst denken und wie Sie handeln, hat Auswirkungen auf Ihre Umwelt. Wenn Sie glauben, Sie sind sehr gut in Ihrem Beruf und Sie können mit Schwierigkeiten sehr gut umgehen, so werden Sie viel gelassener diese Dinge erledigen. Das wird anderen Menschen, vielleicht Ihrem Chef auffallen und Sie steigen weiter in Ansehen, Selbstbewußtsein und Ihrem Glauben an sich und den Job.

Dadurch ziehen Sie noch anspruchsvollere Aufgaben an sich, die Sie weiter wachsen lassen. Anderes Beispiel:

Ein Mann möchte eine Frau ansprechen. Wenn er von sich selbst nicht überzeugt ist, wirkt er eher unsicher und nervös. Diese Stressreaktion wirkt sich natürlich auch auf das Gespräch und das Verhalten, eben auf die gesamte Begegnung aus. Negativ!

Auf einem unbewussten Niveau werden Signale gesendet, die entsprechende Reaktionen auslösen. Wer entspannt ist, zeigt unbewusst: Ich brauche mir keine Sorgen machen. Das wirkt attraktiv. (Hallo Oxytozin. Hallo Testosteron;)

Fazit:

Wer gestresst wirkt, zieht Stress an. Wer sich ärgert, der zieht Ärger an.

Die Veränderung von außen nach innen

Wir haben uns bis jetzt darauf konzentriert, wie die innere Einstellung unsere Außenwelt beeinflussen kann. Doch umgekehrt geht es auch. Wie? Sehr einfach.

Sie kennen die Frage nach dem Huhn und dem Ei? Was war als erstes da? Genau in der gleichen Logik können Sie hier Ihr Leben verbessern. Denn wenn Sie an Ihrer inneren Einstellung arbeiten, um nach außen zu wirken, so können Sie auch an Ihrem Äußeren arbeiten, um nach innen zu wirken und bestimmte Mechanismen auszulösen. Ein Grund, warum gelassene Menschen auch gelassener wirken, hat vielleicht auch damit zu tun, wie sie sich kleiden, wie sie darin gehen und stehen usw. Kurz auch das Äußere hat Auswirkungen auf Erfolg und Lebensqualität.

Wenn Sie also an Ihrem Äußeren arbeiten, werden Sie die Dinge anziehen, die Sie sich wünschen. Einfach über das Gesetz der Anziehung. Sie wissen der äußere Eindruck hat starke Auswirkungen, wie man Sie sieht und wie man auf Sie reagiert. Wichtig dabei:

Bleiben Sie selbst.

Wenn Sie so authentisch auftreten, werden Sie das ausstrahlen, was Sie sich wünschen. Wenn Sie sich "verkleiden", dann wird Ihre Haltung und Ihr Verhalten, Sie verraten. Also spielen Sie nichts vor.

Aber Vorsicht auf der anderen Seite:

Wenn Sie neue, ungewohnte Kleidung anziehen, werden Sie zu Anfang nicht authentisch wirken können. Bedenken Sie: Wenn Sie einen bestimmten Kleidungsstil nicht gewohnt sind, dann fühlt es sich zu Anfang immer merkwürdig an. Üben Sie zuhause solange, bis es sich gut und natürlich anfühlt. Dann wirkt es auch auf die Umwelt genau wie von Ihnen gewünscht. Dadurch dass Sie am Äußeren arbeiten, wird sich Ihr Inneres positiv entwickeln. Spätestens, wenn Sie die Reaktionen von außen erleben.

Indem Sie sich etwas mehr, um sich selbst kümmern, sich selbst etwas besser kleiden, sich etwas mehr um Ihre Gesundheit kümmern, sich etwas besser belohnen als normal, werden Sie Reaktionen aus der Umwelt erzeugen. Das wird Ihnen helfen, gelassener und entspannter zu sein und so die Dinge anzuziehen, die Sie sich wünschen. Alles hat eine Auswirkung. Das Innere auf das Äußere. Das Äußere auf das Innere.

Vielleicht kennen Sie den Spruch:

"Ziehe Dich so an, als hättest Du schon den Job, den Du dir wünschst."

Bitte nehmen Sie sich die Zeit am Morgen, um das Beste aus sich herauszuholen. Bewegung und Ordnung in Kleidung und Auftreten sind unschätzbare äußere Helfer zur Erreichung Ihrer Ziele.

Nur das Äußere zu ändern, um nach innen zu wirken, ist allerdings zu wenig. Das Geheimnis besteht darin, an beiden Seiten zu arbeiten und Sie werden Erstaunliches feststellen…

… und wenn es sich zu Anfang merkwürdig und ungewohnt anfühlt, dann wissen Sie, Sie müssen dies etwas trainieren. Das ist nur ein Feedback mit dem Sie nun umgehen müssen.

Es ist wie beim Lernen eines Musikinstruments. Jedes neue Musikstück klingt zu Anfang schrecklich. (Fragen Sie einmal meine Familie, wenn ich Gitarre übe.)

Nach einigen Versuchen und Übungen wird es immer besser und besser, bis es sich auch für mich gewohnt und gut anfühlt. Genau das Gleiche passiert, wenn Sie ein ungewohntes Gefühl zu Anfang einfach zulassen. Nach einiger Zeit und einigen Versuchen wird Ihr Gefühl immer besser und Sie fühlen sich immer sicherer. Dann haben Sie es geschafft. Jetzt zeigen Sie sich der Umwelt und sind gespannt was passiert.

Kapitel 6:

Wie Sie über Fehlschläge denken und Ihre Gesundheit riskieren

Wir haben bereits darüber gesprochen, welche positiven Auswirkungen es haben kann, wenn Sie mit etwas Logik an stressige Situationen privat und im Beruf herangehen und wie Sie aufgrund des Gesetzes der An-ziehung Ihre Position und Ihr Selbstbewußtsein stärken können.

Aber warum ist das so? Wie kann es sein, dass manche Menschen es nicht schaffen, an stressige Situationen ganz kontrolliert und entspannt heranzugehen? Warum ist die "Panikreaktion" unsere Grundeinstellung? Liegt es in der Natur des Menschen?

Es ist tatsächlich eine Grundeinstellung in uns Menschen.

Ich habe bereits darauf hingewiesen. In Urzeiten gab es überlebenswichtige Entscheidungen, die zu treffen waren. Damals musste man schnell zwischen Freund und Feind unterscheiden, sonst wäre man der Gefahr zum Opfer gefallen. In der Evolutionsgeschichte hat der Mensch, Mechanismen entwickelt, die dazu beigetragen haben, dass unsere Spezies bis heute überlebt. Ich nenne Sie die "Freund / Feind-Kennung".

Heutzutage sind die meisten Situationen nicht mehr überlebenswichtig. Doch der Entscheidungsmechanismus und die entsprechenden Reaktion des Menschen sind gleich geblieben. Das führt eben auch heute dazu, dass der Mensch eine Aversion vor Risiken hat. Auch wenn die Risiken heute darin bestehen, fremde Menschen anzusprechen, sein Verhalten zu ändern oder nur andere Gedanken im Kopf zuzulassen.

Die Risiken einzuschätzen und entsprechende Reaktionen zu planen und durchzuführen, ist an sich ein großer Vorteil unserer Spezies. Aber auch unser größtes Hindernis auf dem Weg zu einem zufriedenen und gewünschten Leben. Daher sollten wir als intelligente Lebewesen, die Vorteile beider Seiten nutzen.

D.h. auf der einen Seite die Risiken oder negativen Folgen berücksichtigen und einplanen und auf der anderen Seite, diese Art der Aversion überwinden, da sie uns nur von den gewünschten Ergebnissen abhält.

Es besteht immer ein gewisses Risiko, ein Geschäft einzugehen, einen Menschen anzusprechen oder in seine eigene Zukunft zu investieren. Das gibt dem Leben aber die Würze, die Unterschiedlichkeit und Abwechselung.

Und ja, manchmal liegen wir daneben. Doch Risiken lassen sich einschätzen. Wir kennen die Ergebnisse nicht, wenn wir es nicht ausprobieren.

Doch wenn Sie sich nicht mit solchen Herausforderungen auseinandersetzen, dann wird Ihr Stress niemals enden. Es wird immer ein gewisser Stresspegel im Untergrund lauern und Sie werden nie erfahren, welcher "Lohn" für Sie bereit steht. Nichts bleibt wie es ist. Die Veränderung ist die einzige Konstante, die wir im Leben haben. Damit umzugehen ist die wichtigste Fähigkeit, die wir entwickeln können.

Die wirkliche Gefahr, das wirkliche Risiko, besteht darin, starr vor Angst dazustehen, unfähig zu reagieren und damit abhängig von äußeren Einflüssen und den täglichen Herausforderungen schutzlos ausgeliefert. Das ist das RISIKO.

Also stellen Sie sich dem Leben!

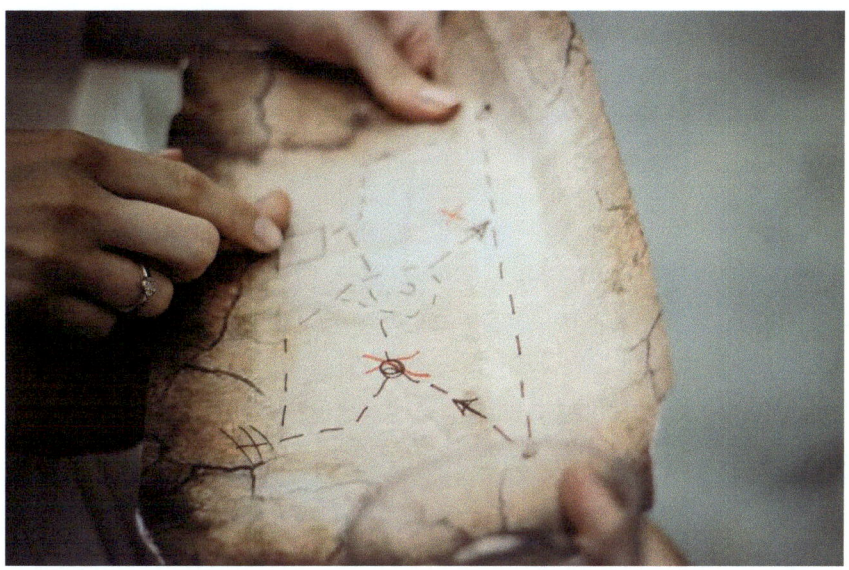

Kapitel 7:

Wissen Sie, was Sie wollen und wie Sie es erreichen?

Wir haben jetzt schon einiges über Methoden zum eigenen Erfolg gehört. In diesem Kapitel kümmern wir uns, um die Frage: Wie motivieren ich mich selbst, um das zu erreichen, was ich mir vornehme? Wie löse ich die Angststarre, den Stress und manchmal auch die Unentschlossenheit meines Handelns?

Was ist, wenn ich gar nicht weiß, was ich möchte? Wenn ich nicht weiß, wie ich meine Ziele finde und erreichen kann? Wir wissen alle, dass es unmöglich ist, ein Ziel zu erreichen, wenn ich es nicht kenne.

Vision, nicht Ziel

Als Erstes kommt gleich eine wichtige Regel. Sie brauchen eine Vision und nicht ein Ziel. Lassen Sie uns das etwas näher betrachten.

Was ist der Unterschied zwischen Vision und Ziel? Eine Vision ist in gewissem Maße abstrakter und doch ist sie meist emotionaler. Sie werden merken, wenn Ihre Vision Sie fesselt oder glücklich macht, werden Sie ganz anders starten. Ihre Gefühle bestimmen Ihre Willenskraft und diese Energie hilft Ihnen beim Erreichen Ihrer Ziele.

Ein Ziel könnte sein 3 kg Körpergewicht in der nächsten Woche zu verlieren. Eine Vision ist es, fitter zu sein, gesünder, attraktiver. Draußen herumzulaufen mit einer gesünderen Hautfarbe und morgens erfrischt und energiegeladen aufzustehen, um den Tag aktiv zu gestalten.

Was motiviert Sie mehr? Die meisten Menschen würden sagen.

Das Zweite: Die Vision.

Warum?

Weil Sie ein besseres Gefühl erlangen. Sie sehen Ihr neues Leben als Ganzes und damit ist es erlebbarer! Weiterhin zeigt Ihre Vision, Ihr Zielbild, das Sie anstreben. Wenn Sie sich dieses Zielbild genau vorstellen können, motiviert dies sicher mehr, als eine Beschreibung der Aufgaben, die Sie dafür erledigen müssen.

Das Großartige daran ist: Die meisten Menschen haben bereits eine Vision. Vielleicht ist sie uns nicht immer bewußt, doch viele von uns haben sie!

Wenn ich Sie bitten würde, sich einmal Ihr perfektes Leben vorzustellen, könnten die meisten Leute dies beschreiben. Vielleicht sitzen sie an einem wunderschönen Strand? Vielleicht in einem großartigen Haus? oder sonst wo.

Wenn Sie gerade noch keine Antwort haben, ist das auch kein Problem. Vielleicht helfen folgende Fragen. Wo wären Sie jetzt am liebsten? Wer ist Ihr Vorbild? Wen beneiden Sie? Was haben Sie bereits mit dieser Person gemeinsam? Wann waren Sie das letzte Mal richtig glücklich/fröhlich? Was wollten Sie erreichen, als Sie noch ein Kind waren? Was waren damals Ihre Träume?

Es muss noch nicht super genau sein. Reich zu sein, mehr Zeit für Ihre Kinder zu haben, für sich, Ihr Hobby, was auch immer...-...ist schon einmal ein Anfang. Als Nächstes malen Sie sich das Ganze möglichst detailliert aus. Je klarer Ihr Bild, umso stärker Ihre positiven Gefühle.

Der nächste Schritt ist natürlich diese Vision in kleine Einzelteile zu bringen und die ersten Schritte zu definieren. **Dies ist ein weiterer wichtiger Punkt.** Wenn Sie ein Ziel verfolgen, kann es in so weiter Ferne sein, dass es nicht motiviert. Außerdem steht es vielleicht nicht unter Ihrer Kontrolle oder es gibt Umstände, die Sie davon abhalten es anzugehen.

Ein Beispiel: Mal angenommen Sie möchten abnehmen und haben sich vorgenommen dafür regelmäßig joggen zu gehen. Doch draußen regnet es. Wie stellen Sie es an, dass Sie wirklich joggen gehen und nicht nach Ausreden suchen, es später zu probieren und am Ende ganz aufgeben?

Machen wir uns nichts vor. Diese Umstände wird es geben. Deshalb ist es sinnvoll, sich erst einmal einen Plan zu machen. Spielen Sie kreativ mit den möglichen Schritten, mit Varianten. Wie viele Möglichkeiten kennen Sie um abzunehmen? Es gibt nicht nur das Joggen. Manchmal erscheint etwas unmöglich, aber in Wirklichkeit war es nur der falsche Weg. Suchen Sie kreativ nach weiteren Möglichkeiten. Sie müssen nicht den offensichtlichen Weg gehen. (Übrigens häufig der Grund, warum Menschen zu schnell aufgeben.) Wenn Sie Sänger/in werden wollen, müssen Sie heutzutge keinen Plattenvertrag mehr an Land ziehen. Ihr eigener Youtube Kanal reicht, um bekannt zu werden! Der Trick ist ganz einfach möglichst viele Optionen zu haben. Ein Plan gelingt nicht immer beim ersten Mal. Vielleicht ist eben der ungewöhnliche Weg genau der Richtige.

Beim Thema Abnehmen sind die Schritte eigentlich ganz klar. Essen Sie pro Tag nicht mehr als 1800-2000 Kalorien. Bewegen Sie sich 5 mal die Woche für ca. 20-30 Minuten. Wenn es regnet, laufen Sie auf dem Laufband oder bewegen Sie sich durch andere Übungen, anstatt draußen zu laufen. Oder Sie kaufen sich die entsprechende Kleidung, damit kein Lauftermin ausfällt.

Wenn Sie Buchautor werden wollen, nehmen Sie sich vor, jeden Tag für 40-60 Minuten zu schreiben. Keine Zeit? Stehen Sie jeden Tag die Stunde früher auf! Es gibt immer einen Weg. Es gibt immer Alternativen!

Das sind sehr einfache und sinnvolle erste Schritte und Sie haben die vollständige Kontrolle darüber. Und wenn Sie an einem Tag scheitern, fangen Sie am nächsten Tag wieder an. Das Leben ist kein Marathonlauf, sondern besteht aus vielen Sprints.

Planen Sie Ihre Schritte immer schriftlich. Ich würde mir ein Traumbuch oder -journal anschaffen. Visualisieren Sie das Ergebnis. Malen Sie sich auch die Situationen aus, wenn Sie die Dinge nicht tun. Was passiert dann? Wie sieht die Zukunft aus, wenn Sie es nicht tun? Diese Vorstellung kann Sie abschrecken und schon sind Sie motiviert und nehmen Sie es in Angriff.

Dies sind nur einige Werkzeuge, um Ihre Visionen zu erreichen. Falls Sie Genauers darüber wissen möchten, kommen Sie auf **www.eusera.de** und schauen Sie z.B. nach unseren Zeit- und Zielmanagement Werkzeugen.

Denken Sie immer daran:

Nicht das Beginnen wird belohnt, sondern das Durchhalten!

Doch wie halten Sie durch? Wie schaffen Sie es jeden Morgen um 05:30 Uhr aufzustehen, um zu trainieren oder zu schreiben?

Sie kennen die Antwort, es hat mit Ihrer Einstellung zu tun. Wenn es Ihnen schwer fällt, dann fokussieren Sie sich einmal auf die Gefühle, die Sie haben, wenn Sie es tun und schaffen. Mit anderen Worten, denken Sie an die Vision, an das Endergebnis und fühlen Sie, wie es ist, wenn Sie es erreicht haben. Investieren Sie Zeit in diese **Fokusübung**. Sie werden schnell merken, wie es Sie motiviert und das richtige Gefühl in Ihnen aufsteigt. Denken Sie darüber nach, wie es ist, wenn Sie es nicht tun. Wie fühlen Sie sich dann? Fühlen Sie, wie energielos Sie morgens sind? Wie enttäuscht Sie über sich selber sind, weil Sie es nicht angehen? Wie andere und Sie selbst jetzt über Sie denken? Wie fühlt sich das an? Sie wissen auch: Wenn Sie Gründe haben, die Sie daran hindern, fällt es Ihnen dann Leichter? NEIN.

Jetzt ist es kein KANN mehr. Jetzt wird es ein MUSS!

Versuchen Sie diese Denkübung einige Male am Morgen und trainieren auch hier Ihr Gehirn mit diesen Signalen umzugehen. Visualisieren Sie beides. Das, was Sie sich wünschen und das, was Sie nicht mehr haben wollen. Das eine motiviert. Das andere schreckt ab. Es werden sich neue Denkpfade bilden und es wird Ihnen immer leichter und leichter fallen......bis es zu Ihrer zweiten Natur geworden ist.

...und sagen Sie nicht: Das ist schwer! Denn: Sie haben recht, doch fällt es Ihnen jetzt leichter? Sie beweisen sich dadurch nichts, wenn sie behaupten, es ist schwer. Außer, dass es schwer ist. Wollen Sie das? Es hilft Ihnen nicht weiter. Also lassen Sie das!

Viele Menschen geben auf, weil Sie sich selbst schützen wollen.

Wie das? Sie beginnen Ihre Aktivitäten nicht, um sich nicht selbst zu enttäuschen. Doch wenn Sie etwas nicht schaffen (z.B. morgens früher aufzustehen oder Ihre abendliche Joggingrunde zu drehen), was ist dann passiert?

NICHTS.

Die Welt dreht sich weiter. Niemand ist verletzt. Nichts ist passiert. Alles andere passiert nur in Ihrem Kopf. Der Selbstzweifel, das kritische Selbstgespräch, das schlechte Gefühl, sind alles nur selbstgemachte Dinge.

Was soll's! Morgen ist ein neuer Tag und solange Sie dranbleiben und Sie es wirklich wollen, machen Sie einfach weiter. Dann steigen Sie eben morgen wieder ein. Beginnen Sie wieder mit der Vorstellung und Ihrer Fokusübung und es geht einfach weiter.

Ich habe in meinem Leben für mich Folgendes gelernt. Als Fußballspieler habe ich mich immer geärgert, wenn wir als Mannschaft verloren haben. Meist über mich selbst und welche Fehler ich gemacht habe…und dann war das Spiel zu Ende und es gab eine Niederlage. Daran konnte ich nichts mehr ändern. Im meinem Leben ist das anders. Im meinem Leben bestimme ich, wann ein Spiel vorbei ist.

Nämlich dann, wenn ich aufgebe. Wenn ich abpfeife. Wenn ich aber nicht abpfeife und einfach weiter mache, läuft das Spiel, solange ich mich weiter bemühe und eine Lösung finde und ein Ziel erreiche.

Einfach dranbleiben. Immer weiter und weiter.

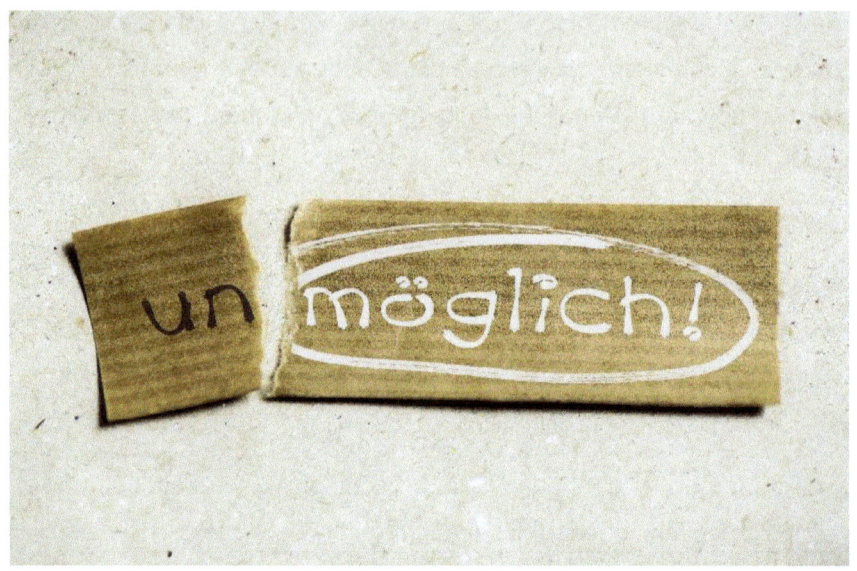

Kapitel 8:

Fünf starke Übungen zur Stärkung Ihrer positiven Einstellung

Eine der größten Stärken, die Sie in sich tragen, ist Ihre Zuversicht, Ihr Selbstvertrauen, Ihre Sicherheit, dass es so laufen wird, wie Sie es sich wünschen. Dass Sie es verdienen und sich die Dinge, Personen und Situationen so sortieren werden, wie es für Sie vorteilhaft ist. In diesem eigenen Zustand werden Sie eine Aura ausstrahlen und die entsprechenden Dinge werden angezogen. Leider vergessen wir häufig diese Tatsache.

Wenn Sie von Ihrer Natur her, ein eher unsicherer oder skeptischer Typ sind, ist die Frage: Wie können Sie sich vom Selbstzweifel lösen? Wie können Sie zu einem Menschen mit einer gewissen Aura werden? Der Mensch, der die Dinge in die Hand nimmt und etwas tut, damit es sich in seine Richtung entwickelt?

Was ist Zuversicht eigentlich genau?

Die Zuversicht ist ein sehr allgemeiner Begriff. Der Glaube es wird schon gutgehen, wird häufig mit Träumerei oder Realitätsferne beschrieben. Doch Vorsicht: Sie schaden sich selbst am meisten, wenn Sie glauben, man wäre von Natur aus entweder so oder so. Nach dem Motto: Ich bin ein eher positiver Mensch oder ich bin eher ein skeptischer Mensch. Oder ich bin Realist.

In Wirklichkeit ist es etwas komplizierter, denn es kommt immer auf die Situation an, in der Sie sich befinden. Jeder Mensch ist vielleicht in einer bestimmten Situation sehr positv und zuversichtlich, in einer anderen Situation ist er eher skeptisch oder unsicher. Vielleicht denkt man: "Ich habe ein eher durchschnittliches Aussehen, aber ich bin sehr gut in meinem Job".

Das bedeutet: Stärken Sie im ersten Schritt Ihre Zuversicht und positive Einstellung, indem Sie sich auf die richtigen Dinge konzentrieren. Bei den Dingen, die Sie gut machen, fällt es Ihnen leicht, denn hier können Sie ohne Probleme zuversichtlich sein. Bei den Dingen, bei denen Sie nicht so gut sind, denken Sie daran, dass Sie immer besser werden können, wenn Sie nur weitermachen und üben. Jeder Mensch ist erst einmal nicht perfekt, wenn er anfängt. Durch Übung und Umsetzung wird es besser und besser. Wir haben bereits gesehen, wie diese Gedanken unsere neuronalen Verbindungen stärken und beeinflussen. Deshalb: Bitte trainieren Sie Ihr Gehirn mit den richtigen Signalen!

Wie sieht es beim Thema Aussehen aus? Auch hier gibt es viele Wege, sich zu verbessern oder eine andere Einstellung zu bekommen. Bitte erinnern Sie sich, jeder Mensch sieht unterschiedlich aus und alles hat seine Vorteile. Welche Vorteile haben Sie? Was macht Sie aus? Schönheit liegt im Auge des Betrachters. Schönheit ist subjektiv. Wenn Sie sich auf Ihre Vorzüge konzentrieren und diese auch selbstbewußt "tragen", werden Sie Zuversicht ausstrahlen und wirken dann wesentlich anziehender auf Andere.

Nehmen Sie die Herausforderungen des Lebens an

Wie gesagt, es hilft, wenn Sie sich klar machen, dass Sie jeden Tag dazulernen können und so immer besser werden. Auch in den Dingen, die gerade noch gar nicht funktionieren. Machen Sie sich "kugelsicher" und nehmen Sie die Herausforderungen an. So trainieren Sie Ihre schwachen Muskeln.

Je mehr Sie üben, umso so schneller lernen Sie dazu und umso stärker werden Sie. Ein guter Lehrer hat mir früher immer gesagt: "Mach es Dir nicht zu bequem. Überwinde jeden Tag deinen inneren Schweinehund einmal und Du bist für alle Zeit gewappnet."

Vergessen Sie nicht die Auswirkungen auf unser Inneres. Jede neue Erfahrung, jeder kleine Erfolg, führt zu Glücksgefühlen. Ihre Glückshormone fluten Ihr Gehirn und jedes Glückgefühl motiviert Sie weiterzumachen und noch mehr auszuprobieren. Jetzt macht jede Herausforderung plötzlich Spass. Stellen Sie sich Ihren Monstern.

Ein weiteres Zitat, das mir einer meiner Lehrer fürs Lebens mitgab:

"Das Leben ist ein Spiel. Die Arbeit ist ein Spiel. Mit dieser Einstellung gehst Du gelassen an alle Proleme heran."

Das Geheimnis, um ständig diese Glückserlebnisse zu haben ist...

Nehmen Sie sich nicht zuviel vor. Machen Sie kleine Schritte, machen Sie kleine Fortschritte. So entwickeln Sie sich Schritt für Schritt. Konzentrieren Sie sich nur darauf und nicht auf die nächsten Schritte. Je fokussierter Sie sind, umso besser werden die Ergebnisse und erkennen Sie Ihre Fortschritte.

Sie können sich nicht konzentrieren?

Dann ist das Ihre erste Aufgabe. Konzentrieren Sie sich auf etwas für eine gewisse Zeit (Sagen wir 10 Minuten lang). Dann ist der nächste Schritt sich für 15 Minuten zu konzentrieren und so weiter. Trainieren Sie Ihren "Konzentrationsmuskel". Lernen Sie jonglieren oder Gitarre spielen oder die Begrüßung in 10 verschiedenen Sprachen. Was auch immer. Diese Übungen helfen Ihnen immer selbstbewußter, entspannter und zuversichtlicher zu werden. Das könnte Ihr neues Trainingsprogramm für Ihr restliches Leben sein.

Sehen Sie Rückschläge einfach als Feedback. Denn mehr sind sie wirklich nicht. Es sind Ergebnisse, die Sie zwar nicht gewünscht haben, aber jetzt einfach eingetreten sind. Arbeiten Sie mit diesen Ergebnissen weiter. Nehmen Sie das Feedback und ändern Sie etwas, damit andere Ergebnisse eintreten. So einfach ist das wirklich.

Wenn Sie Ihre zwichenmenschlichen Kompetenzen verbessern wollen. Gehen Sie raus. Konfrontieren Sie sich mit fremden Menschen. Nehmen Sie einen Job im Verkauf an. Werden Sie Promoter auf der Straße und sprechen dort wildfremde Menschen an oder suchen Sie nach einem Telefonjob. So lernen Sie jeden Tag mit Menschen umzugehen und so Ihre Selbstsicherheit zu steigern. Sie werden "schusssicher".

Stellen Sie sich Ihren Erfolg bildlich vor

Bevor Sie etwas Neues beginnen, stellen Sie sich als erstes immer vor, wie Sie dabei Erfolg haben. Diese Vorstellungsübung stimuliert Ihr Gehirn genau die Hormone zu produzieren, die Sie für den Erfolg brauchen. Stellen Sie sich vor, wie Sie scheitern werden und Ihr Gehirn produziert sofort Stresshormone und Sie haben verloren, noch bevor Sie begonnen haben. Sie können sich vorher gleich in die richtige Stimmung versetzen, wenn Sie z.B. motivierende Musik hören und sich vorstellen, dass dies eine Herausforderung und kein Hindernis ist!

Wenn Sie das ab heute praktizieren, wird es früher oder später zu Ihrer Natur. Sie werden automatisch Ihre Vorstellung aktivieren und dies wird Sie dann auch automatisch motivieren Ihr Vorhaben in die Tat umzusetzen.

Trainieren Sie sich zu einem besseren ICH! Sie haben Ihren Lebenserfolg in den Händen!

Werden Sie zum "Poser".

Auch Ihre Körperhaltung hat Auswirkungen auf Ihr Gehirn und die Hormonaktivitäten. Stehen Sie aufrecht, Brust raus, Kopf hoch und Ihre Testosteronproduktion wird sofort angeregt. Heben Sie einmal die Arme, so als ob Sie gerade die Ziellinie Ihres 100-Meter-Laufes als Erster überqueren.

Nehmen Sie sich etwas Zeit und beantworten Sie einmal folgende Fragen: Wie fühlt sich mein Körper an, wenn ich mich stark fühle? Wie stehe ich? Wo sind meine Arme? Welche Haltung haben meine Hände? Vielleicht machen Sie die berühmte Beckerfaust, wenn Sie etwas erreicht haben?

Vielleicht machen Sie diese Übung einmal vor dem Spiegel. Wie stehen Sie dann? Wie wirkt das nach Außen?

Alleine bei dieser Übung merke ich immer, das ich mindestens 2-4 cm größer werde, da ich nun gerade stehe.

Investieren Sie in sich

Die beste Investition ist die, in sich selbst. Behandeln Sie sich gut und Sie werden langfristig Erfolg haben. Ziehen Sie sich gepflegt an, achten auf Ihre Frisur, auf Ihre Gesundheit. Bewegen Sie sich regelmässig und fühlen sich gut dabei. Ich kenne Menschen, die an dieser Stelle sagen:

"Das ist aber sehr egoistisch. Ich kann doch nicht an mich denken. Erst kommen die anderen."

Meine Antwort: Sie tun ganz viel für Ihre Umwelt, Familie, Kinder usw., wenn Sie erst einmal an sich arbeiten. Denn Sie können anderen Menschen am Besten helfen, wenn bei Ihnen selbst alles in Ordnung ist. Wenn Sie selbst gestresst sind und Ihr Kind hat Probleme in der Schule, dann sind Sie nicht die erste Wahl, um zu helfen!

Sie wandern in die Position, des Opfers. Eine ganz schlechte Ausgangsposition. Empathie ist eine tolle Fähigkeit. Doch Empathie bedeutet -sich in den Anderen hineinfühlen zu können-. Das ist die falsche Position, wenn Sie helfen möchten.

Wenn Sie schon einmal geflogen sind, dann kennen Sie die Sicherheitshinweise, die es bei jedem Flug gibt.

Da steht eine Stewardess oder es läuft ein Film, der Ihnen zeigt, wie Sie sich im Notfall zu verhalten haben. Erinnern Sie sich?

Eine Regel lautet: Wenn die Sauerstoffmasken von oben herunterfallen, immer erst selbst die Maske aufsetzen und dann Ihren Mitmenschen helfen. Das ist ein gutes Bild für meinen Rat.

Sie können anderen Menschen nur helfen, wenn Sie in der Lage sind, es zu tun. Das geht nur aus der Position der Stärke und nicht der Schwäche!

Ich habe zum Schluss noch eine weiter Strategie, um Ihre positive Selbsteinstellung zu verbessern. Im letzten Kapitel werden wir uns genau darum kümmern! Also seien Sie gespannt

Kapitel 9:

Ein kleines Workout, für Jedermann - schnell und einfach

Sie wissen bereits, dass der körperliche Zustand große Auswirkungen auf den gesamten Organismus hat. Etwas körperliches Training verbessert nicht nur Ihre Kondition und die Gesundheit allgemein, es fördert auch Ihren Energiehaushalt und Ihre mentale Stärke.

Außerdem hat es Auswirkungen auf Ihre biochemischen Prozesse. Wir sprachen darüber. Für viele Menschen ist das Thema: Abnehmen oder gute physische Gesundheit häufig ein eigenes Ziel.

Man denke nur an die "guten Vorsätze" zu Jahresanfang. Daher ist es sicher eine gute Idee dieses Thema einmal etwas näher zu betrachten.

Lassen Sie uns einmal einen Blick auf ein Workout werfen, das sich leicht in den Alltag integrieren lässt und für Jedermann anzupassen ist. So überfordern Sie sich nicht, denn auch hier gilt die Kontinuität ist der entscheidende Punkt, nicht der Beginn!

Ich sage gerne: Die meisten Menschen erreichen Ihre Ziele nicht, weil Sie nicht anfangen. Sie erreichen Ihre Ziele nicht, weil Sie nicht weitermachen.

Das Workout

Das kleine Workout, dass ich Ihnen vorstellen möchte, dauert nicht länger als 20-25 Minuten und Sie haben recht komplett, Ihren Muskelapparat, Ihre Kondition und somit Ihre allgemeine Fitness verbessert. Sie verbrennen dabei so viele Kalorien, dass Sie sicher auch abnehmen werden.

Machen Sie dieses Workout direkt am Morgen, vor der Dusche und Sie fühlen sich gleich erfrischt und energievoll. Eine schöne Morgenroutine! Sie sparen dabei eine zweite Dusche und damit Zeit. Sie können es bequem zuhause oder unterwegs durchführen und das einzige Sportgerät ist Ihr eigener Körper, der das Gewicht darstellt mit dem Sie trainieren.

Das Workout sieht folgendermaßen aus:

1 Minute	Liegestütze (Hände hier etwas weiter auseinander)
1 Minute	Auf dem Rücken liegend, Beine angewinkelt und Oberkörper nach oben ziehen (sog. Crunches für die Bauchmuskulatur)
1 Minute	Liegestütze und Strecksprung (Burpees) (Hier die Hände etwas näher als beim ersten Mal)
1 Minute	Hampelmann
1 Minute	flache Handflächen vor der Brust zusammen drücken. So fest wie es geht.
1 Minute	Pause

Dreimal wiederholen, sodass Sie auf insgesamt gut 20 Minuten kommen.

Je nach Trainingszustand, sollten Sie zu Anfang einfach versuchen, alle Übungen durchzuhalten. Vielleicht brauchen Sie zwischendurch etwas längere Pausen, doch machen Sie alle drei Wiederholungen der 5 Übungen. Später ist das Ziel in jeder Minute, soviel Sprünge oder Züge zu machen, wie Sie schaffen.

Sie trainieren gegen Ihr eigenes Körpergewicht, was eine geniale Trainingskomponente darstellt. Keine Vorbereitung, keine Trainingsutensilien. Einfach loslegen. Daheim und unterwegs. Jederzeit und überall.

Wenn es Ihnen im Laufe der Zeit mit diesen Übungen zu langweilig wird, tauschen Sie einzelne Übungen gegen andere aus. Vielleicht möchten Sie später auch mit Gewichten arbeiten.

Erweiterungen gehen später. Fangen Sie erst einmal an.

Es gibt viele Anregungen an Körperübungen im Internet (mit Videoanleitungen) oder Sie fragen einen Experten. (z.B. den Fitnesstrainer im Studio) oder den Sportlehrer Ihrer Kinder in der Schule. Eine weitere Möglichkeit etwas Sport zu treiben ist natürlich das Laufen. Wenn Sie das Thema: - Wie Sie mit dem Laufen beginnen können - interessiert, dann fordern Sie meinen kleiner Ratgeber zum Laufen an. Einfach auf die Website www.eusera.de oder per Telefon.

Gerade zu Anfang können die Übungen etwas schwieriger für Sie sein. Dann machen Sie langsamer oder vereinfachen Sie sich die Übungen. Beispiel: Anstatt die Liegestütze mit den Füßen am Boden zu machen, können Sie sich erst einmal knien, sodass das Körpergewicht nicht so hoch ist.

Die Idee ist das kontinuierliche Arbeiten. Das Ziel sollte es sein, dass Sie diese Routine täglich ausführen. Vielleicht beginnen Sie 2-3 mal in der Woche und steigern sich dann, bis Sie es jeden Tag durchführen. Wenn Sie mit motivierender Musik trainieren, macht das Ganze richtig Spaß. Sie werden in recht kurzer Zeit erste Erfolge sehen. Vielleicht auf der Waage, vielleicht im Spiegel, vielleicht einfach vom Gefühl, etwas energiereicher und wacher zu sein.

Nehmen Sie sich im ersten Schritt vor, 4 Wochen zu trainieren. Sie werden schnell feststellen: Wenn Sie die 4 Wochen schaffen, schaffen Sie auch mehr. Wenn Sie dieses Erfolgserlebnis durchleben, dann schaffen Sie noch ganz andere Dinge. Sie wissen, was Sie wollen und Sie erreichen, was immer Sie sich vornehmen. Denken Sie daran:

Mit jedem Tag steigert sich auch Ihre mentale Fähigkeit. Ihre Neuronen bauen jeden Tag neue Verbindungen auf und Sie haben den Bauplan dazu. Nehmen Sie es aktiv in die Hand und werden Sie nicht zur Flipperkugel Ihres Alltags!

Kapitel 10:

Wie Sie auf Dauer Ihre Zuversicht und die positive Einstellung halten

Vieles von dem, was wir uns bis jetzt angeschaut haben, drehte sich um die Veränderung zum Besseren. Es geht darum sich klar zu machen, was Sie im Leben wollen und es dann anzugehen, um glücklicher, zufriedenen und positiver zu sein. Doch lassen Sie uns einmal kurz inne halten und uns fragen: Wie sieht eigentlich unsere Gegenwart aus?

Das ist häufig ein wichtiger Faktor. Viele Menschen vergessen manchmal, was Sie bis jetzt schon erreicht haben und schätzen es nicht mehr.

Ihr Streben nach HÖHER – SCHNELLER - WEITER, führt zu permanenter Unzufriedenheit. Sehr gefährlich!

Unsere Gesellschaft ist stark darauf ausgelegt, nie zufrieden zu sein und das Streben nach Wachstum bestimmt unser Leben. Leider manchmal auf ungesunde Art und Weise. Wir erziehen unsere Kinder in diesem Sinne und überfordern nicht nur uns selbst, sondern auch sie. Gibt es nicht auch Zufriedenheit in der Gegenwart? Brauchen wir tatsächlich, die größere Wohnung, das größere Haus, den besseren Wagen oder das neueste Handy, Laptop und PC? Anstatt vielleicht den nächsten Film im Kino zu sehen, hilft manchmal auch ein Spaziergang im Park oder der Besuch im Museum bei freiem Eintritt. Wenn Sie Bücher lesen...es gibt interessante Angebote für 1€ das Stück bei Amazon oder sogar völlig kostenfrei zum Leihen oder bei Tauschbörsen.

Sie sehen: Es gibt Alternativen und "kein Geld" ist auch keine Ausrede mehr.

Vielleicht kennen Sie die Studien, die sich um das Glücklichsein drehen. Ganze Nationen werden danach untersucht, in welchem Land die glücklichsten Menschen leben oder in welcher Stadt in Deutschland, die glücklichsten Menschen leben. Die Ergebnisse sind manchmal überraschend. Denn die wohlhabensten Gebiete, haben nicht immer die glücklichsten Bewohner. Der Spruch: Geld allein macht nicht glücklich. Stimmt, wenn man ihn wirklich begreift. Achtung: Ich sagte begreift, nicht versteht. Verstanden habe ich diesen Satz schon als Kind oder als Jugendlicher. Ich habe ihn allerdings erst als 50 jähriger Mensch wirklich begriffen. Ich kenne viele Menschen, die zwar finanziell sehr gut dastehen, aber sehr unglücklich sind. Ich kenne ebenso viele

Menschen, die sehr sehr zufrieden sind und jeden Tag um Ihre Existenz kämpfen.

Zufriedenheit ist eine Einstellungssache, keine finanzielle Situation.

Das eigentliche Problem und damit das entscheidende Puzzleteilchen für ein Leben nach Ihren Wünschen, ist der **Fokus!**

Was Sie glücklicher oder unglücklicher macht, sind keine äußeren Umstände. Es ist die Art, wie Sie darüber denken. Wie Sie Situationen bewerten. Worauf Sie sich fokussieren.

Sie entscheiden schließlich, auf welche Seite der berühmten Medaille, Sie schauen. Wenn Sie sich auf das Negative konzentrieren, werden Sie unzufrieden sein und handeln. Wenn Sie sich auf das Positive konzentrieren, werden Sie glücklicher und mit mehr Zuversicht durchs Leben gehen.

Es ist tatsächlich möglich sogar Schmerzen abzumildern, wenn Sie sich auf etwas anderes konzentrieren. Es gibt tatsächlich Untersuchungen dazu. Wie bereits erwähnt ist die Meditation auch eine Art seine Konzentration zu steuern.

Fokussieren Sie sich lieber auf die Dinge, die Sie wollen oder die Sie gut finden und vernachlässigen Sie die Dinge, die Sie nicht wollen oder nicht mögen. Wenn Sie Ihrem Gehirn den Befehl geben, sich auf das Positive zu konzentrieren, wird es auch alle positiven Signale aus der Umwelt für Sie herausfiltern. Das ist einer der wichtigsten Aufgaben, die unser Gehirn hat.

Die Informationsfilterung im Gehirn:

Vielleicht kennen Sie den Effekt: Sie beschäftigen sich mit einem Thema sehr stark. z.B. Sie möchten ein neues Auto kaufen und haben bereits ein Modell als Ihren Favoriten ausgewählt. Plötzlich ist jeder dritte Wagen, der vorüberfährt, das ausgesuchte Modell. Kennen Sie diesen Effekt? Das ist das Geheimnis der Filterung. Wenn Sie sich mit einem Thema beschäftigen, merkt Ihr Gehirn: "Hoppla, das scheint ja wichtig zu sein." Jetzt filtert es genau diese Infos aus der Umwelt heraus, die Sie benötigen.

Konzentrieren Sie sich auf das Negative und die ganze Welt besteht ausschließlich aus negativen Nachrichten, Botschaften und Situationen. Bemerken Sie, wie machtvoll Sie eigentlich sind?

Das nennt man selektive Wahrnehmung und unser Gehirn macht das fortwährend, ob Sie wollen oder nicht. Steuern Sie diesen Prozess ganz bewußt und es werden wundervolle Dinge passieren.

Die Haltung der Dankbarkeit und andere Techniken

Um sicher zugehen, dass Sie damit beginnen glücklicher, zuversichtlicher und zufriedener zu sein, kultivieren Sie die Haltung der Dankbarkeit.

Die einfachste und effektivste Methode ist wiederum **das Journal**. Legen Sie sich ein Heft der Dankbarkeit an und schreiben Sie jeden Tag, vielleicht am Abend auf, für welche 3 Dinge Sie heute dankbar sind. Nehmen Sie sich einen Moment Zeit und denken jetzt kurz darüber nach.

Wenn Ihnen nichts einfällt, haben Sie ein Trainingsfeld gefunden. Probieren Sie es ein paar Tage aus. Sie werden feststellen: Es fällt Ihnen immer leichter und leichter.

Eine weitere schöne Methode ist eine Frage. Diese Frage stelle ich mir jeden Morgen noch im Bett liegend, direkt nachdem ich die Augen geöffnet habe. Die Frage lautet:

Warum freue ich mich heute?

Mit dieser Frage stimme ich mich gleich auf den Tag richtig ein. Ja, es gibt auch Tage, da fällt mir die Antwort nicht sofort ein. Was zeigt das nur? Es gibt vielleicht nichts von außen, auf das ich mich freue. Also überlege ich mir etwas. Vielleicht kaufe ich mir etwas Nettes, das ich am Abend essen möchte. Eine Tafel Schokolade, mein Lieblingsessen als Abendbrot... Vielleicht überlege ich mir eine nette Aktivität. Mit Freunden oder der Familie etwas unternehmen. Oder mein Spaziergang mit dem Hund. Das Spielen mit dem Haustier, den Kindern oder, oder, oder.

Kurzum: Ich kreiere mir etwas, auf das ich mich freuen kann. Das hilft mir auch durch einen anstrengenden Tag zu kommen, da ich immer das Licht am Ende des Tunnels sehe. Das gibt mir Energie und macht auch solche Tage motivierend für mich.

Idee: Nehmen Sie sich einen Moment und überlegen Sie sich, was es bei Ihnen ist, dass Sie so motivieren würde. Schreiben Sie sich eine Liste, so haben Sie schnell ein ganzes Arsenal an guten Ideen, die Sie nur herausziehen müssen, wenn Sie es brauchen.

Apropos Schreiben:

Vielleicht schreiben Sie einmal auf, welche Komplimente oder anerkennenden Worte Sie von Menschen erhalten haben. Jetzt oder früher. Solche Erinnerungen helfen auch Ihre gute Laune zu steigern. Jedesmal wenn Ihnen jemand etwas Nettes sagt, erinnern Sie sich daran und schreiben Sie es auf. Sie werden feststellen, wenn Sie sich damit bewußt beschäftigen und es lesen, geht es Ihnen noch besser!

Zusammenfassung und Fazit

Die vorgestellten Methoden und Werkzeuge, so wirkungsvoll sie auch sind, benötigen Ihr Training, etwas Geduld und die kontinuierliche Anwendung. Der Wandel vollzieht sich nicht über Nacht. Doch auch Ihr jetziger Zustand ist ja nicht vom Himmel gefallen. Es hat Jahre oder Jahrzehnte gedauert so zu werden, wie Sie jetzt sind. Mit dem kleinen Unterschied, dass Sie bisher eher unbewußt trainiert haben:) Jetzt bestimmen Sie Ihr zukünftiges Leben, Ihre Einstellung, die Art wie Sie mit den täglichen Herausforderungen umgehen.

Der erste Schritt ist die bewußte Wahrnehmung. Kommen Sie aus Ihren Routinen, Ihren Automatismen, Ihrem manchmal instinktiven Verhalten und machen Sie sich bewußt, wie schädlich das sein kann.

Ihre Zufriedenheit, Ihre Ziele, Ihre Motivation, Ihre gesamte Persönlich-keit...hängt davon ab, wie Sie die Dinge sehen, worauf Sie sich konzentrieren und wie Sie bestimmte Ereignisse bewerten. Wenn Sie ab heute anfangen gegen die Jahrtausende alte Evolution anzugehen und Ihre Gefühle und sogar Ihre inneren, körperlichen Funktionen (Neurotransmitter u.ä.) zumindest zum Teil unter Ihre Kontrolle zu bekommen, umso machtvoller werden die Werkzeuge, die Sie in diesem Buch erlernt haben. Nutzen Sie sie zu Ihren Gunsten. Setzten Sie sie da ein, wo Sie am besten für Sie passen und erfreuen Sie sich an jedem Fortschritt, jede neue Erkenntnis und jeden positiven Aspekt, den Sie entdecken...und das für jeden Bereich Ihres Lebens.

Sie werden glücklicher, konzentrierter, zufriedener, motivierter und effizienter. Wenn diese positiven Faktoren sich entwickeln, wird sich einiges in Ihrem Leben ändern. Sie arbeiten an einer verbesserten Version Ihrer Selbst. Das wird Auswirkungen auf Ihre Umwelt haben. Die Menschen um Sie herum, werden Sie anders wahrnehmen. Es werden sich Möglichkeiten und Gelegenheiten ergeben, die Ihnen vielleicht bis jetzt verwehrt waren.

Die Frage lautet also: Wohin gehen Sie von jetzt an? Wie starten Sie Ihre neue Reise zu einem besseren Leben. Welche Aktivitäten starten Sie? Vielleicht ist es eine gute Idee, Ihre Gedanken und Gefühle einmal Revue passieren zu lassen, die Sie mit dem Lesen des Buches jetzt haben. Was haben Sie gelernt? Was hält Sie jetzt eigentlich noch auf?

Fokussieren Sie eher auf das Negative oder das Positive? Woher kommen Ihre Ängste, Ihre Zurückhaltung? Schreiben Sie auch das auf. Ihre Gedanken und Gefühle. Was braucht es noch, um loszulegen?

Nach diesem eigenen Feedback: Machen Sie sich klar,

was ist Ihre Vision. Nicht Ihr Ziel. Sie wissen, das ist zu kurz gedacht. Fühlen Sie, wie motivierend diese Vision für Sie ist? Nehmen Sie dieses Gefühl über Ihre Vision und lassen Sie sich davon antreiben...

...oder macht es Ihnen Angst? Gehen Sie auch damit um. Aber vergessen Sie nicht, auch die Schönheiten am Wegesrand zu bemerken. Das Leben ist nicht die Hetze nach dem Endergebnis. Das Leben ist zum Leben da. Also genießen Sie die Reise. Seien Sie dankbar für die Dinge, die Sie bereits erreicht haben. Auf das, was Sie lieben und schätzen. Auf all das Schöne, Faszinierende, Spannende, Neue und Herausfordernde, das jeden Tag auf Sie wartet, um von Ihnen erlebt zu werden. Jeder Tag ist neu.

Ich wünsche Ihnen alles erdenklich Gute für Ihre Reise und wenn Sie meine Hilfe brauchen, melden Sie sich. Ich bin da.

Bis zur unserer nächsten Begegnung

Ihr

Hans-Gerd Mazur